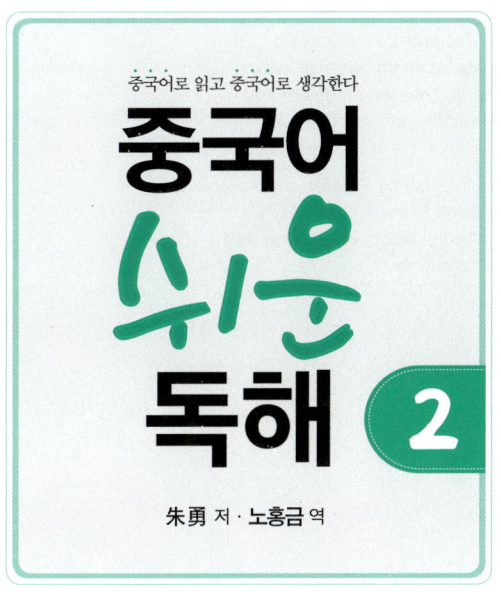

ⓒ Foreign Language Teaching and Research Press 2009

All rights reserved. No part of this publication may be reproduced, stored in or introduced into a retrieval system, or transmitted, in Chinese or any other languages in any part of the world without prior written permission of the publishers.

This edition is published under license by Foreign Language Teaching and Research Press in 2010. This edition is for sales in the Republic of South Korea only and may not be bought for export therefrom.

중국어로 읽고 중국어로 생각한다
중국어 쉬운 독해 2

지은이 朱勇
옮긴이 노홍금
펴낸이 정규도
펴낸곳 (주)다락원

초판 1쇄 발행 2010년 2월 24일
초판 6쇄 발행 2023년 8월 30일

기획·편집 이상윤
디자인 정현석, 윤지은, 임미영
일러스트 이영우

다락원 경기도 파주시 문발로 211
전화: (02)736-2031(내선 250~252 / 내선 430)
팩스: (02)732-2037
출판등록 1977년 9월 16일 제406-2008-000007호

Copyright ⓒ Foreign Language Teaching and Research Press 2009
한국 내 Copyright ⓒ 2010, (주)다락원

이 책의 한국 내 저작권은 Foreign Language Teaching and Research Press와의 독점 계약으로 ㈜다락원이 소유합니다.

저자 및 출판사의 허락 없이 이 책의 일부 또는 전부를 무단 복제·전재·발췌할 수 없습니다. 구입 후 철회는 회사 내규에 부합하는 경우에 가능하므로 구입처에 문의하시기 바랍니다. 분실·파손 등에 따른 소비자 피해에 대해서는 공정거래위원회에서 고시한 소비자 분쟁 해결 기준에 따라 보상 가능합니다. 잘못된 책은 바꿔 드립니다.

ISBN 978-89-277-2018-8 18740
   978-89-277-2012-6(set)

www.darakwon.co.kr

다락원 홈페이지를 방문하시면 상세한 출판 정보와 함께 동영상 강좌, MP3 자료 등 다양한 어학 정보를 얻으실 수 있습니다.

머리말

〈중국어 쉬운 독해〉는 〈中文天天读〉라는 제목으로 外语教学与研究出版社가 발간한 중국어 독해 시리즈의 한국어판이다. 기초부터 초급 수준에 있는 중국어 학습자의 독해 실력을 향상시키는 데 주안점을 두고 집필한 교재이며, 한국어판으로는 제1권·제2권 총 2단계로 구성되어 출간된다.

모두가 알다시피, 독해는 외국어 학습자들이 언어를 학습하는 주된 방식이다. 독해를 강화하여 어휘력을 늘려야만 보다 빠르게 외국어를 습득할 수 있기 때문이다. 이에 기초하여 어떻게 하면 학습자들로 하여금 효율적으로 시간을 활용하면서, 즐거운 독해, 자유로운 독해를 통해 언어 학습의 능률을 올리도록 하느냐 하는 것은 줄곧 수많은 언어 교육 및 연구가들이 주목하는 과제 중 하나였다. 이를 감안하여 본 독해 시리즈를 펴내어 학습자들이 즐겁게 읽는 동시에 자신의 중국어 수준을 효과적으로 향상시킬 수 있도록 했다. 동시에, 중국의 사회·역사·문화적 배경에 관한 지식을 교묘하게 소개하고 전달함으로써, 중국어를 배우는 모든 사람들에게 현대 중국을 이해할 수 있는 창구를 활짝 열어 주었다.

동종의 다른 교재와 비교할 때, 본 교재는 다음과 같은 특징이 있다.

1. **쉽게 읽고 쉽게 이해할 수 있다.** '쉽게, 더 쉽게'라는 말은 우리가 본 시리즈를 집필하는 동안 줄곧 고집해 온 이념이다. 선정된 모든 본문의 단어와 글자 수를 엄격히 제한했으며, 매 과마다 본문에 삽화를 곁들임으로써, 독자들이 이를 통해 내용을 머릿속에 연상하도록 하여 독해의 효율을 극대화시켰다.

2. **다양하고 재미있다.** '흥미로움이 가장 좋은 스승이다'라는 생각으로, 우리는 심혈을 기울여 재미가 가득한 글들을 본문으로 선정했다. 본문 선정을 시작할 때부터 우리는 풍부한 경험과 조사에 근거하여, 학습자들이 필요로 하는 부분들을 분석하고, 그 요구를 최대한 만족시킬 수 있는 글들을 뽑기 위해 노력했다.

3. **실용성을 중시했다.** 본문 내용이 비교적 실용적인 데다, 그 중 많은 글이 학습자들의 생활과 관련된 것들이다. 어떤 글은 그 자체가 바로 중국에서 공부하고, 생활하고, 여행고, 일하는 데 도움이 될 수 있는 안내이기 때문에, 알아 두면 매우 유용하다.

4. **듣기와 읽기를 결합했다.** 각 권에는 모두 MP3 음원이 포함되어 있는데, '읽기' 방식을 통해서는 현지 중국어를 감상할 수 있고, '듣기' 방식을 통해서는 진정한 보통화를 느껴 볼 수 있다. 이 두 가지 학습 방식은 서로 다른 각도에서 학습자들의 중국어 실력 향상을 도울 것이다.

앞으로 학습자들의 비평과 지도를 바라며, 교재 학습 중에 발견되는 문제점에 대한 여러분의 지적은 증쇄 시 더욱 발전된 교재를 만드는 데 많은 도움이 될 것이다.

2010년 2월
朱勇

목차

머리말 3
목차 4
이 책의 활용법 6
일러두기 8

★ 제1과 ★
给自己的礼物
자신에게 주는 선물
9

★ 제2과 ★
"请慢用"和"以后再说"
"천천히 이용하세요"와
"나중에 다시 이야기합시다"
15

★ 제3과 ★
北方和南方
북방과 남방
21

★ 제4과 ★
中国美食——火锅
중국의 맛있는 요리,
훠궈
27

★ 제5과 ★
中国人怎么买车?
중국인은 어떻게 차를
살까?
33

★ 제6과 ★
打招呼也不同
인사하는 것도 다르다
39

★ 제7과 ★
中国的高考——考全家
중국의 대학입학시험,
온 가족의 시험
45

제9과
中国的茶馆
중국의 찻집
57

제10과
海龟和海带
바다거북과 다시마
63

제8과
8月8日，我们结婚
8월 8일에
우리 결혼해요
51

제12과
不要忘了寄信！
편지 부치는 것
잊지 말아요!
75

제11과
望京——北京的新韩国城
왕징, 베이징의 새로운
코리아 타운
69

제13과
梨和苹果的故事
배와 사과 이야기
81

제14과
胡同里走出来的明星
골목에서 나온 스타
87

제15과
绑在一起的翅膀
함께 묶인 날개
93

본문 따라잡기 해석	100
실력 점검하기 모범답안	108
단어색인	109

이 책의 활용법

생각 포인트
본문을 읽기 전에 먼저 깊게 생각해 보세요. 본문의 내용을 쉽게 이해할 수 있습니다.

어법 포인트
이번 과에서는 어떤 어법 요소를 배우는지 한번 훑어 보세요.

본문 따라잡기
한어병음에 의존하지 말고 중문에 집중하여 읽어 보세요. 처음에는 정독을, 다음에는 속독을 해 보세요. 처음 보는 단어가 있다면 아래에 정리되어 있는 새 단어 코너에서 학습합시다.

새 단어
MP3 음원을 통해 정확한 발음을 먼저 익히고 큰 소리로 따라해 보세요. 그 다음에는 쓰기 연습을 통해 어휘 실력을 탄탄히 다져 봅시다.

생각 넓히기
본문의 내용을 중국어로 잘 정리할 수 있는지 확인해 봅시다. 또한 본문의 내용과 관련하여 자기 자신의 생각을 잘 이야기할 수 있는지 연습해 봅시다.

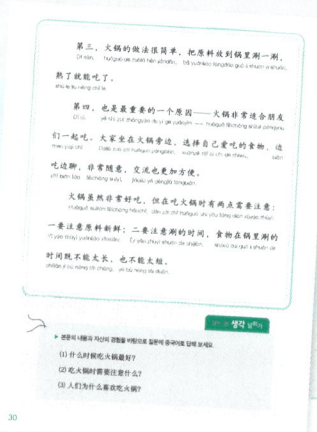

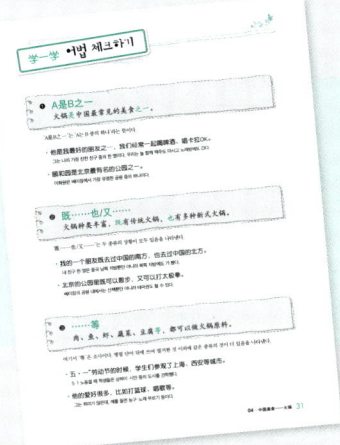

어법 체크하기

본문에 나온 가장 중요한 어법 및 표현을 알기 쉽게 풀이했습니다.
여러 예문을 통해 헷갈리지 않게 익혀 두세요.

실력 점검하기

본문의 내용을 정확히 이해했는지, 어법 요소를 제대로 이해했는지 확인하는 코너입니다.
다 풀고 책 뒤에 있는 모범답안과 맞춰 보세요.

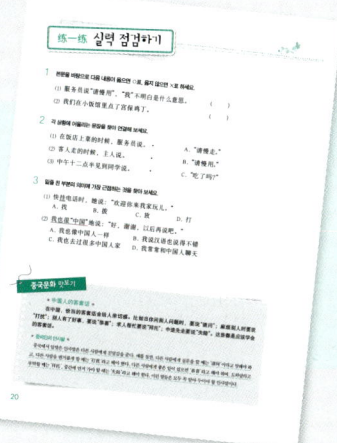

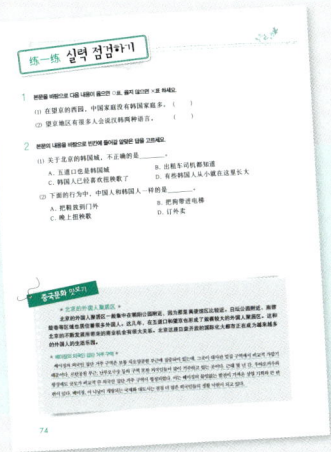

중국문화 맛보기

본문의 내용과 연관된 중국의 여러 문화를 소개하는 코너입니다. 조금 어렵더라도 중문으로 먼저 읽어 보세요.

일러두기

- 이 책의 고유명사 표기는 다음과 같다.

    ① 중국의 지명·기관·관광명소의 명칭 등은 중국어 발음을 한국어로 표기하는 것을 원칙으로 하였다. 단, 우리에게 널리 알려진 고유명사의 경우에는 한자 독음으로 표기하였다.

    > 北京 → 베이징   长城 → 만리장성

    ② 인명의 경우, 각 나라에서 실제 읽히는 발음을 기준으로 하여 한국어로 그 발음을 표기하였다.

    > 玛丽 → 메리   章子怡 → 장쯔이

- 중국어의 품사는 다음과 같이 약자로 표시하였다.

명사	명	동사	동
형용사	형	부사	부
양사	양	개사	개
조사	조	수사	수
접속사	접	감탄사	감
인칭대사	대	의문대사	대
지시대사	대	고유명사	고유

1 给自己的礼物

자신에게 주는 선물

★ 생각 포인트 ★

무슨 일을 할 때든 당신은 늘 매우 열심히 하나요?

★ 어법 포인트 ★

再
尽

读一读 본문 따라잡기

Track 01

有个木匠年纪很大了。他告诉老板，自己太老了，想回
Yǒu ge mùjiang niánjì hěn dà le. Tā gàosu lǎobǎn, zìjǐ tài lǎo le, xiǎng huí

家跟妻子儿女一起好好生活，不工作了。老板不想让他走，
jiā gēn qīzi érnǚ yìqǐ hǎohāo shēnghuó, bù gōngzuò le. Lǎobǎn bù xiǎng ràng tā zǒu,

问他可不可以帮忙再盖一座房子。老木匠说可以。但是这次
wèn tā kě bu kěyǐ bāng máng zài gài yí zuò fángzi. Lǎo mùjiang shuō kěyǐ. Dànshì zhècì

的工作，他没有以前那么认真，盖的房子有很多问题。
de gōngzuò, tā méiyǒu yǐqián nàme rènzhēn, gài de fángzi yǒu hěn duō wèntí.

房子盖好后，老板把房子的钥匙给了老木匠，说："这
Fángzi gàihǎo hòu, lǎobǎn bǎ fángzi de yàoshi gěi le lǎo mùjiang, shuō: "Zhè

是你的房子，是我送给你的礼物。"老木匠很吃惊，也很后
shì nǐ de fángzi, shì wǒ sòng gěi nǐ de lǐwù." Lǎo mùjiang hěn chījīng, yě hěn hòu

悔。如果他知道这是给自己盖的房子，他一定会非常认真，
huǐ. Rúguǒ tā zhīdào zhè shì gěi zìjǐ gài de fángzi, tā yídìng huì fēicháng rènzhēn,

| 새 단어 | Track 02

木匠 mùjiang 명 목공, 목수
老板 lǎobǎn 명 주인, 기업주
妻子 qīzi 명 아내
让 ràng 동 ~하게 하다
帮忙 bāng máng 동 일손을 돕다, 도움을 주다

盖 gài 동 (집을) 짓다
房子 fángzi 명 집, 건물
认真 rènzhēn 형 진지하다, 성실하다
钥匙 yàoshi 명 열쇠
礼物 lǐwù 명 선물

用最好的材料，盖最好的房子。可是现在，他只能住在这个
yòng zuìhǎo de cáiliào, gāi zuìhǎo de fángzi. Kěshì xiànzài, tā zhǐ néng zhù zài zhè ge

质量不好的房子里。
zhìliàng bù hǎo de fángzi li.

吃惊 chījīng 동 놀라다
后悔 hòuhuǐ 동 후회하다
材料 cáiliào 명 재료, 원료, 자재
质量 zhìliàng 명 품질
建造 jiànzào 동 건축하다, (집을) 짓다

尽 jìn 동 다 쓰다, 전부 발휘하다
理由 lǐyóu 명 이유
原谅 yuánliàng 동 용서하다

我们每天都在"建造"自己的生活，有时也像这位老木匠，不是每件事都尽了自己最大的努力。我们常常找很多理由来原谅自己在生活中不尽力，原谅自己在工作中不努力。但是，当我们发现问题的时候，可能已经太晚了。

想一想 생각 넓히기

▶ 본문의 내용을 바탕으로 질문에 중국어로 답해 보세요.

(1) 这座房子是给谁盖的?

(2) 老木匠拿到钥匙以后后悔了吗?

学一学 어법 체크하기

❶ 再
老板不想让他走，问他可不可以帮忙再盖一座房子。

'再'는 부사이다. 한 동작이나 상태가 반복되거나 지속되는 것을 말하며, 대부분 아직 실현되지 않은 동작이나 일상적인 동작을 가리킨다.

- 上海是个很美丽的城市，我希望明年再来。
  상하이는 아주 아름다운 도시라서 나는 내년에 다시 오고 싶다.

- 他今天上午来过一次，下午就没再来。
  그는 오늘 오전에 한 번 왔었고, 오후에는 다시 오지 않았다.

❷ 尽
我们每天都在"建造"自己的生活，有时也像这位老木匠，不是每件事都尽了自己最大的努力。

'尽'은 동사로, '전부 다 써서 모든 작용을 하도록 하다'라는 의미이다.

- 做任何事，都要尽自己的最大努力。
  어떤 일을 할 때나 모두 최대한의 노력을 다해야 한다.

- 我们要尽最大的可能去帮助他们。
  우리는 가능한 한 최대한 그들을 도와야 한다.

练一练 실력 점검하기

1 본문을 바탕으로 다음 내용이 옳으면 ○표, 옳지 않으면 ×표 하세요.

(1) 老板对老木匠不好，所以老木匠要回家。（　）

(2) 老木匠盖这座房子的时候和以前一样认真。（　）

(3) 老木匠不知道这个房子是老板给他的礼物。（　）

2 빈칸에 들어갈 알맞은 글자를 박스에서 찾아 써 넣으세요.

| 尽 | 再 |

(1) 咱们要(　　)最大的可能去帮助她们。

(2) 首尔是个很美丽的城市，我希望下次(　　)来。

중국문화 맛보기

★ 中西建筑的差异 ★

中西建筑风格的差异首先来自于建筑原材料的不同。传统的中式建筑一直是以木头为构架，而传统的西方建筑则长期以石头为主体。其次是建筑技术的不同。中国的传统建筑以梁柱结构承担整个屋顶的重量，墙仅起围护和分割空间的作用；西方建筑流行以砖和石头筑成的墙体承重，屋顶采用半拱形结构。

★ 중국 건축과 서양 건축의 차이점 ★

중국과 서양의 건축 풍격의 차이는 우선 건축 원자재의 차이에서 온다. 전통적인 중국식 건축은 줄곧 나무를 기본 틀로 삼았지만, 전통적인 서양의 건축은 오랫동안 돌을 주체로 삼았다. 다음은 건축 기술의 차이이다. 중국의 전통 건축은 교각 구조로 전체 지붕의 중량을 받치고, 벽은 공간을 보호하거나 분할하는 작용만 할 뿐인데, 서양 건축에서는 돌과 벽돌로 만든 벽이 건물의 무게를 지탱하고, 지붕은 돔형 구조로 짓는 방식이 유행했다.

2. "请慢用"和"以后再说"

"천천히 이용하세요"와 "나중에 다시 이야기합시다"

★ 생각 포인트 ★

중국 친구와 수다를 떨다가 끝낼 때 쯤 중국 친구가 "시간 있을 때 우리 집에 놀러 와."라고 한다면, 여러분은 그 말이 무슨 뜻인지 알겠습니까?

★ 어법 포인트 ★

更
再说

读一读 본문 따라잡기

Track 03

一来中国，我就认识了很多中国朋友。一天中午下课，
Yì lái Zhōngguó, wǒ jiù rènshi le hěn duō Zhōngguó péngyou. Yì tiān zhōngwǔ xià kè,

我遇到一个中国同学。她问我："吃了吗？"我想她一定是想
wǒ yùdào yí ge Zhōngguó tóngxué. Tā wèn wǒ: "Chī le ma?" Wǒ xiǎng tā yídìng shì xiǎng

和我一起吃饭，就马上说："没有呢，我们一起去吧。"
hé wǒ yìqǐ chī fàn, jiù mǎshàng shuō: "Méiyǒu ne, wǒmen yìqǐ qù ba."

她好像有点儿吃惊，但还是和我去了学校旁边的小饭
Tā hǎoxiàng yǒu diǎnr chījīng, dàn háishi hé wǒ qù le xuéxiào pángbiān de xiǎo fàn

馆。服务员上菜说："这是你们点的宫保鸡丁，请慢用。"
guǎn. Fúwùyuán shàngcài shuō: "Zhè shì nǐmen diǎn de gōngbǎojīdīng, qǐng màn yòng."

我不明白"请慢用"是什么意思。中国朋友说，就是"请
Wǒ bù míngbai "Qǐng màn yòng" shì shénme yìsi. Zhōngguó péngyou shuō, jiùshi "qǐng

你慢慢吃"的意思。我更奇怪了，我吃饭不快啊，为什么服
nǐ mànmān chī" de yìsi. Wǒ gèng qíguài le, wǒ chī fàn bú kuài a, wèishénme fú

| 새 단어 | Track 04

认识 rènshi 동 알다, 인식하다
遇到 yùdào 동 만나다, 마주치다
一定 yídìng 부 반드시, 필히, 꼭
好像 hǎoxiàng 부 마치 ~과 같다
饭馆 fànguǎn 명 식당

服务员 fúwùyuán 명 종업원
上菜 shàngcài 동 요리를 내다
奇怪 qíguài 동 이상히 여기다
结账 jiézhàng 동 장부를 결산하다, 계산하다
付钱 fùqián 동 돈을 지불하다

务员让我"慢慢吃"?
wùyuán ràng wǒ "Mànmān chī"?

吃完饭，中国朋友叫服务员结账。我知道该付钱了，就
Chī wán fàn, Zhōngguó péngyou jiào fúwùyuán jiézhàng. Wǒ zhīdào gāi fùqián le, jiù

拿出钱准备付我那一半。没想到中国朋友急忙说："今天我
ná chū qián zhǔnbèi fù wǒ nà yíbàn. Méi xiǎngdào Zhōngguó péngyou jímáng shuō: "Jīntiān wǒ

请客！"
qǐngkè!"

急忙 jímáng 급하게, 분주하게
请客 qǐngkè 한턱내다, 손님을 초대하다
花钱 huāqián (돈을) 쓰다, 소비하다
长城 Chángchéng 만리장성(万里长城)의 줄임말
差不多 chàbuduō 거의, 대체로

挂 guà 걸다
欢迎 huānyíng 환영하다

很久以后我才明白，中国人觉得吃完饭大家都拿出
Hěn jiǔ yǐhòu wǒ cái míngbai, Zhōngguó rén juéde chī wán fàn dàjiā dōu ná chū

钱来，自己付自己的很没意思。他们喜欢这样：这次你花
qián lai, zìjǐ fù zìjǐ de hěn méi yìsi. Tāmen xǐhuan zhèyàng: Zhècì nǐ huā

钱请客，下次我来付钱，第三次还是你，第四次又是我……
qián qǐng kè, xiàcì wǒ lái fù qián, dì sān cì háishi nǐ, dì sì cì yòu shì wǒ……

有一天，我跟一个中国朋友打电话聊天。我高兴地
Yǒu yì tiān, wǒ gēn yí ge Zhōngguó péngyou dǎ diànhuà liáotiān. Wǒ gāoxìng de

跟她聊起我去长城的事情，说了差不多半个小时。快挂
gēn tā liáo qǐ wǒ qù Chángchéng de shìqing, shuō le chàbuduō bàn ge xiǎoshí. Kuài guà

电话时，她说："等你以后有时间，欢迎你来我家玩儿。"
diànhuà shí, tā shuō: "Děng nǐ yǐhòu yǒu shíjiān, huānyíng nǐ lái wǒ jiā wánr."

那时我已经到中国半年了，我知道她的意思是"再见"，
Nà shí wǒ yǐjing dào Zhōngguó bàn nián le, wǒ zhīdào tā de yìsi shì "Zàijiàn",

所以我也很"中国"地说："好，谢谢，以后再说吧。"
suǒyǐ wǒ yě hěn "Zhōngguó" de shuō: "Hǎo, xièxie, yǐhòu zài shuō ba."

想一想 생각 넓히기

▶ 본문의 내용과 자신의 경험을 바탕으로 질문에 중국어로 답해 보세요.

(1) 下课时，听了"我"的回答，同学为什么吃惊?

(2) 吃完饭，中国人喜欢怎么付钱?

学一学 어법 체크하기

❶ 更

我更奇怪了，我吃饭不快啊，为什么服务员让我"慢慢吃"?

'更'은 부사이다. 원래의 정도보다 더욱 높아짐을 나타내는데, 주로 '비교'에 쓰인다.

- 自从他当上了领导，工作比以前更忙了。
  그가 리더를 맡고 나서부터 일이 예전보다 더 바빠졌다.

- 昨天的天气不好，今天的天气更不好。
  어제 날씨가 안 좋았는데, 오늘 날씨는 더 안 좋다.

❷ 再说

我也很"中国"地说："好，谢谢，以后再说吧。"

'再说'는 동사로서, '어떤 일을 나중으로 미루었다 하거나 생각한다'라는 의미이다. 앞쪽에는 대부분 '以后(나중에)' '明天(내일)' '下次(다음 번)'와 같이 미래 시제를 나타내는 말이 쓰인다.

- 我今天有点儿累，买书的事明天再说吧。
  내가 오늘 좀 피곤하니, 책 사는 일은 내일 다시 이야기하자.

- A: 你将来想做什么工作？
  B: 我没想过，以后再说吧！
  A: 너는 장래에 어떤 일을 하고 싶니?
  B: 생각해 본 적 없어. 나중에 생각하지 뭐!

练一练 실력 점검하기

1. 본문을 바탕으로 다음 내용이 옳으면 ○표, 옳지 않으면 ×표 하세요.

   (1) 服务员说"请慢用","我"不明白是什么意思。　　(　　)

   (2) 我们在小饭馆里点了宫保鸡丁。　　(　　)

2. 각 상황에 어울리는 문장을 찾아 연결해 보세요.

   (1) 在饭店上菜的时候，服务员说。　·　　　　·A."请慢走。"

   (2) 客人走的时候，主人说。　·　　　　·B."请慢用。"

   (3) 中午十二点半见到同学说。　·　　　　·C."吃了吗?"

3. 밑줄 친 부분의 의미에 가장 근접하는 것을 찾아 보세요.

   (1) 快挂电话时，她说："欢迎你来我家玩儿。"
   　　A. 找　　　B. 拨　　　C. 放　　　D. 打

   (2) 我也很"中国"地说："好，谢谢，以后再说吧。"
   　　A. 我也像中国人一样　　　B. 我说汉语也说得不错
   　　C. 我也去过很多中国人家　　　D. 我常常和中国人聊天

중국문화 맛보기

★ 中国人的客套话 ★

在中国，恰当的客套话会给人亲切感。比如当你问别人问题时，要说"请问"；麻烦别人时要说"打扰"；别人有了好事，要说"恭喜"；求人帮忙要说"拜托"；中途先走要说"失陪"。这些都是应该学会的客套话。

★ 중국인의 인사말 ★

중국에서 알맞은 인사말은 다른 사람에게 친밀감을 준다. 예를 들면, 다른 사람에게 질문을 할 때는 '请问'이라고 말해야 하고, 다른 사람을 번거롭게 할 때는 '打扰'라고 해야 한다. 다른 사람에게 좋은 일이 있으면 '恭喜'라고 해야 하며, 도와달라고 부탁할 때는 '拜托', 중간에 먼저 가야 할 때는 '失陪'라고 해야 한다. 이런 말들은 모두 꼭 알아 두어야 할 인사말이다.

3 北方和南方

북방과 남방

★ 생각 포인트 ★

중국은 세계에서 세 번째로 면적이 넓은 국가입니다. 땅이 넓은 만큼 각 지역마다 다른 점도 많답니다. 혹시 경험해 본 일이 있으신가요?

★ 어법 포인트 ★

而
熟悉

读一读 본문 따라잡기

Track 05

今年一月，我从上海来到了北京，慢慢发现了中国南北
Jīnnián yī yuè, wǒ cóng Shànghǎi láidào le Běijīng, mànmān fāxiàn le Zhōngguó nánběi

方的很多差别。
fāng de hěn duō chābié.

先说气候。北方比较干燥，南方比较潮湿。每年一月，
Xiān shuō qìhòu. Běifāng bǐjiào gānzào, nánfāng bǐjiào cháoshī. Měinián yī yuè,

最北边的黑龙江省气温很低，大概零下30摄氏度(-30℃)，
zuì běibiān de Hēilóngjiāng Shěng qìwēn hěn dī, dàgài língxià sānshí shèshìdù,

人们出门的时候要穿上厚厚的衣服。最南边的海南省却
rénmen chūmén de shíhou yào chuānshang hòuhou de yīfu. Zuì nánbiān de Hǎinán Shěng què

非常暖和，人们都穿着夏天的衣服，还可以在海里游泳。
fēicháng nuǎnhuo, rénmen dōu chuān zhe xiàtiān de yīfu, hái kěyǐ zài hǎi li yóuyǒng.

北方菜和南方菜也不一样。北方人喜欢咸一点儿的，南
Běifāng cài hé nánfāng cài yě bù yíyàng. Běifāng rén xǐhuan xián yì diǎnr de, nán

새 단어 Track 06

发现 fāxiàn 통 발견하다, 알아차리다
差别 chābié 명 차이
气候 qìhòu 명 기후
干燥 gānzào 형 건조하다
潮湿 cháoshī 형 습윤하다

低 dī 형 낮다
零下 língxià 명 (섭씨) 0도 이하, 영하
摄氏度 shèshìdù 양 섭씨온도('℃'로 표기함)
厚 hòu 형 두껍다
暖和 nuǎnhuo 형 따뜻하다, 따사롭다

方人喜欢吃甜的；大多数北方人爱吃面食，而很多南方人却
fāng rén xǐhuan chī tián de; dàduōshù běifāng rén ài chī miànshí, ér hěn duō nánfāng rén què

喜欢吃米饭。
xǐhuan chī mǐfàn.

让人想不到的是，南方人和北方人问路也不同。北方
Ràng rén xiǎng bu dào de shì, nánfāng rén he běifāng rén wènlù yě bùtóng. Běifāng

游泳 yóuyǒng 통 수영하다

咸 xián 형 (맛이) 짜다

甜 tián 형 (맛이) 달다

面食 miànshí 명 밀가루 음식, 분식

米饭 mǐfàn 명 쌀밥

问路 wènlù 통 길을 묻다

往 wǎng 개 ~쪽으로, ~을 향해

熟悉 shúxī 형 잘 알다, 익숙하다

根本 gēnběn 부 근본적으로, 완전히, 전혀

人，特别是北京人，常说"东、西、南、北"，而南方人却
rén, tèbié shì Běijīng rén, cháng shuō "Dōng、xī、nán、běi", ér nánfāng rén què

喜欢说"前、后、左、右"。从上海到北京的那天，下车以
xǐhuan shuō "Qián、hòu、zuǒ、yòu". Cóng Shànghǎi dào Běijīng de nà tiān, xià chē yǐ

后，我用汉语问路，有人对我说："往东走！"可是我刚到
hòu, wǒ yòng Hànyǔ wènlù, yǒurén duì wǒ shuō: "Wǎng dōng zǒu!" Kěshì wǒ gāng dào

北京，对这里很不熟悉，不知道哪儿是东，哪儿是南。所
Běijīng, duì zhèlǐ hěn bù shúxī, bù zhīdào nǎr shì dōng, nǎr shì nán. Suǒ

以，我根本不知道"往东走"是往哪儿走。
yǐ, wǒ gēnběn bù zhīdào "Wǎng dōng zǒu" shì wǎng nǎr zǒu.

想一想 생각 넓히기

▶ 본문의 내용과 자신의 경험을 바탕으로 질문에 중국어로 답해 보세요.

(1) 中国的北方和南方，气候各有什么特点？

(2) 中国的北方和南方饮食习惯有哪些差别？

(3) 南方人和北方人问路时有哪些不同？

学一学 어법 체크하기

❶ 而
大多数北方人爱吃面食，而很多南方人却喜欢吃米饭。

'而'는 접속사이며 주로 서면어에 쓰인다. 앞뒤로 의미가 상대적이거나 상반되는 단어 혹은 단문을 연결하여 전환 관계를 나타낸다. '却'나 '但是'와 비슷하게 쓰인다.

- 我姐姐喜欢打篮球，而我喜欢踢足球。
  우리 누나는 농구를 좋아하지만, 나는 축구를 좋아한다.

- 他每天早上喝很多咖啡，而我常常喝牛奶。
  그는 매일 아침 커피를 많이 마시지만, 나는 늘 우유를 마신다.

❷ 熟悉
可是我刚到北京，对这里很不熟悉。

'熟悉'는 '분명히 잘 안다'라는 뜻의 동사이다. 개사 '对'와 함께 쓰여 '~에 대해 잘 안다'라는 표현으로 쓰이기도 한다.

- 他刚来几个月，还不熟悉这里的情况。
  그는 온 지 몇 개월 밖에 안 되어서 아직 이곳의 상황을 잘 모른다.

- 我去过西安很多次，对那儿非常熟悉。
  나는 시안에 많이 가 봐서 그곳에 대해 굉장히 잘 안다.

练一练 실력 점검하기

1. 본문의 내용을 바탕으로 빈칸에 들어갈 알맞은 단어를 찾아 보세요.

    (1) 今年一月，"我"从_____来到北京。

    A．东南　　　　B．上海　　　　C．西部　　　　D．北方

    (2) 在气候方面，北方比南方_____。

    A．咸　　　　　B．潮湿　　　　C．干燥　　　　D．暖和

    (3) "我"可能是_____。

    A．上海人　　　B．北京人　　　C．出租车司机　D．外国人

2. 본문의 내용을 바탕으로 빈칸을 올바르게 채워 보세요.

		南方(人)		北方(人)
饭菜	甜一点儿的	(1)	(2)	喜欢吃面食
一月的气温		比较高	(3)	

중국문화 맛보기

★ 中国的东部和西部 ★

中国的地势是西高东低，西部多为高原和山地，气候比较干燥，东部离海近，交通比较发达，气候也比较温和。东部的人口比较密集，而西部则拥有丰富的自然资源。

★ 중국의 동부와 서부 ★

중국의 지형은 서고동저(서쪽은 높고 동쪽은 낮음)이다. 서부는 많은 부분이 고원과 산지이고, 기후가 비교적 건조하다. 동부는 바다에 가깝고, 교통이 비교적 발달했으며, 기후도 비교적 따뜻하다. 동부에는 인구가 밀집되어 있고, 서부는 풍부한 천연자원을 보유하고 있다.

4 | 中国美食——
火锅

중국의 맛있는 요리, 훠궈

★ 생각 포인트 ★

훠궈 드셔 보셨나요?
중국인은 훠궈를 어떻게
즐기는지 한번 볼까요?

★ 어법 포인트 ★

A是B之一
既……也/又……
……等

读一读 본문 따라잡기

Track 07

火锅是中国最常见的美食之一，中国的很多城市都
Huǒguō shì Zhōngguó zuì chángjiàn de měishí zhī yī, Zhōngguó de hěn duō chéngshì dōu

有火锅店。秋天和冬天吃火锅最好。天气越冷，火锅店的
yǒu huǒguō diàn. Qiūtiān hé dōngtiān chī huǒguō zuìhǎo. Tiānqì yuè lěng, huǒguō diàn de

生意越红火。
shēngyi yuè hónghuo.

人们喜欢火锅的原因很多。
Rénmen xǐhuan huǒguō de yuányīn hěn duō.

第一，火锅种类多，既有传统火锅，也有多种新式火
Dì yī, huǒguō zhǒnglèi duō, jì yǒu chuántǒng huǒguō, yě yǒu duō zhǒng xīnshì huǒ

锅，例如鱼头火锅、菊花火锅、四季火锅等等，满足了顾客
guō, lìrú yútóu huǒguō、júhuā huǒguō、sìjì huǒguō děngděng, mǎnzú le gùkè

的各种口味。
de gèzhǒng kǒuwèi.

새 단어 Track 08

- 火锅 huǒguō 명 훠궈, 중국식 샤브샤브
- 城市 chéngshì 명 도시
- 越 yuè 부 ~하면 ~할수록
- 生意 shēngyi 명 장사, 영업, 사업
- 红火 hónghuo 형 왕성하다, 번창하다
- 传统 chuántǒng 명 전통
- 新式 xīnshì 명 신식의
- 例如 lìrú 동 예를 들다, 예컨대
- 菊花 júhuā 명 국화
- 满足 mǎnzú 동 만족하다

第二，火锅原料多种多样，肉、鱼、虾、蔬菜、豆腐
Dì èr, huǒguō yuánliào duōzhǒngduōyàng, ròu、yú、xiā、shūcài、dòufu

等，都可以做火锅原料。这样，你可以一次吃到几十种不同
děng, dōu kěyǐ zuò huǒguō yuánliào. Zhèyàng, nǐ kěyǐ yí cì chīdào jǐ shí zhǒng bùtóng

食物。
shíwù.

顾客 gùkè 명 고객

口味 kǒuwèi 명 입맛, 기호

原料 yuánliào 명 원료

虾 xiā 명 새우

蔬菜 shūcài 명 채소

豆腐 dòufu 명 두부

涮 shuàn 동 물에 담가 씻다, 샤브샤브를 하다

熟 shú 형 (음식이) 익다

随意 suíyì 형 자유롭다, 편안하다

新鲜 xīnxiān 형 신선하다, 싱싱하다

第三，火锅的做法很简单，把原料放到锅里涮一涮，
Dì sān, huǒguō de zuòfǎ hěn jiǎndān, bǎ yuánliào fàngdào guō li shuàn yi shuàn,

熟了就能吃了。
shú le jiù néng chī le.

第四，也是最重要的一个原因——火锅非常适合朋友
Dì sì, yě shì zuì zhòngyào de yí ge yuányīn —— huǒguō fēicháng shìhé péngyou

们一起吃。大家坐在火锅旁边，选择自己爱吃的食物，边
men yìqǐ chī. Dàjiā zuò zài huǒguō pángbiān, xuǎnzé zìjǐ ài chī de shíwù, biān

吃边聊，非常随意，交流也更加方便。
chī biān liáo, fēicháng suíyì, jiāoliú yě gèngjiā fāngbiàn.

火锅虽然非常好吃，但在吃火锅时有两点需要注意：
Huǒguō suīrán fēicháng hǎochī, dàn zài chī huǒguō shí yǒu liǎng diǎn xūyào zhùyì:

一要注意原料新鲜；二要注意涮的时间，食物在锅里涮的
Yī yào zhùyì yuánliào xīnxiān; Èr yào zhùyì shuàn de shíjiān, shíwù zài guō li shuàn de

时间既不能太长，也不能太短。
shíjiān jì bù néng tài cháng, yě bù néng tài duǎn.

想一想 생각 넓히기

▶ 본문의 내용과 자신의 경험을 바탕으로 질문에 중국어로 답해 보세요.

(1) 什么时候吃火锅最好？

(2) 吃火锅时需要注意什么？

(3) 人们为什么喜欢吃火锅？

学一学  어법 체크하기

❶ A是B之一
火锅是中国最常见的美食之一。

'A是B之一'는 'A는 B 중의 하나'라는 뜻이다.

- 他是我最好的朋友之一，我们经常一起喝啤酒、唱卡拉OK。
  그는 나의 가장 친한 친구 중의 한 명이다. 우리는 늘 함께 맥주도 마시고 노래방에도 간다.
- 颐和园是北京最有名的公园之一。
  이화원은 베이징에서 가장 유명한 공원 중의 하나이다.

❷ 既……也/又……
火锅种类丰富，既有传统火锅，也有多种新式火锅。

'既……也/又……'는 두 종류의 상황이 모두 있음을 나타낸다.

- 我的一个朋友既去过中国的南方，也去过中国的北方。
  내 친구 한 명은 중국 남쪽 지방뿐만 아니라 북쪽 지방에도 가 봤다.
- 北京的公园里既可以散步，又可以打太极拳。
  베이징의 공원 내에서는 산책뿐만 아니라 태극권도 할 수 있다.

❸ ……等
肉、鱼、虾、蔬菜、豆腐等，都可以做火锅原料。

여기서 '等'은 조사이다. 병렬 단어 뒤에 쓰여 열거한 것 이외에 같은 종류의 것이 더 있음을 나타낸다.

- "五·一"劳动节的时候，学生们参观了上海、西安等城市。
  5·1 노동절 때 학생들은 상하이·시안 등의 도시를 견학했다.
- 他的爱好很多，比如打篮球、唱歌等。
  그는 취미가 많은데, 예를 들면 농구·노래 부르기 등이다.

练一练 실력 점검하기

1 본문을 바탕으로 다음 내용이 옳으면 ○표, 옳지 않으면 ×표 하세요.

(1) 在中国，火锅店有很多。　　　　　（　　）

(2) 火锅的做法十分麻烦。　　　　　　（　　）

(3) 很多东西都可以做火锅的原料。　　（　　）

(4) 吃火锅的时候大家都很轻松随意。　（　　）

2 빈칸에 들어갈 알맞은 글자를 박스에서 찾아 써 넣으세요.

> 等　　之一　　也

(1) 我弟弟的爱好很多，比如打篮球、游泳、看电影_____。

(2) 颐和园是中国最有名的公园_____。

(3) 我去过中国，_____去过日本。

중국문화 맛보기

★ 中国菜 ★

中国菜主要有八大菜系：鲁菜、川菜、粤菜、闽菜、苏菜、浙菜、湘菜、徽菜。中国菜的原料大多加工成小块宜食的尺寸，不像西餐在食用时还要进行二次切割。有些原料经厨师的刀工后可拼成栩栩如生的美丽图案。中国菜烹调方法非常多，有凉拌、炒、蒸、煮、煎、炸、焖、炖、煨、烧等几十种，每一种又可分为好多小类。火锅是最简单的做法，不过对汤料和调料也很讲究。

★ 중국 요리 ★

중국 요리는 주로 산둥요리, 쓰촨요리, 광둥요리, 푸지엔요리, 쟝쑤요리, 저쟝요리, 후난요리, 안후이요리 등의 8대 계통으로 나눌 수 있다. 중국 요리의 재료는 대부분 먹기 좋은 사이즈의 작은 조각으로 잘린다. 먹을 때 다시 한 번 잘라야 하는 서양 요리와는 다르다. 어떤 재료는 요리사의 칼솜씨를 거쳐 살아 숨 쉬는 듯한 아름다운 작품으로 만들어 진다. 중국 요리는 조리법이 굉장히 많아서, 차게 무치기, 볶기, 찌기, 삶기, 부치기, 튀기기, 끓이기, 고기, 굽기 등 몇십 종류에 이르고, 매 종류마다 또 여러 갈래로 세분화된다. 훠궈는 가장 간단한 요리법이지만, 국물용 재료와 소스 양념을 상당히 중요시한다.

5 中国人怎么买车?

중국인은 어떻게 차를 살까?

★ 생각 포인트 ★

여러분은
차를 사 본 적이 있나요?
주변 사람들은 어떻게
차를 사나요?

★ 어법 포인트 ★

不一会儿
像

读一读 본문 따라잡기

Track 09

星期六早上走进汽车销售公司，一边吃着免费的汉堡，
Xīngqī liù zǎoshang zǒujìn qìchē xiāoshòu gōngsī, yìbiān chī zhe miǎnfèi de hànbǎo,

一边看车、听介绍，不一会儿，付钱、拿车钥匙、开车回家
yìbiān kàn chē、tīng jièshào, bù yíhuìr, fù qián、ná chē yàoshi、kāi chē huí jiā

——这是美国人在买车。
— zhè shì Měiguó rén zài mǎi chē.

慢慢走到汽车销售公司，告诉他们自己想要什么车，然
Mànmān zǒudào qìchē xiāoshòu gōngsī, gàosu tāmen zìjǐ xiǎngyào shénme chē, rán

后回家，等几个星期，自己买的车才能送到。虽然慢，可这
hòu huí jiā, děng jǐ ge xīngqī, zìjǐ mǎi de chē cái néng sòngdào. Suīrán màn, kě zhè

一定是"自己的车"，和别人的车不一样——这是欧洲人在买
yídìng shì "zìjǐ de chē", hé biéren de chē bù yíyàng — zhè shì Ōuzhōu rén zài mǎi

车。
chē.

새 단어　Track 10

销售 xiāoshòu 동 판매하다
公司 gōngsī 명 회사
免费 miǎnfèi 동 무료로 하다
汉堡 hànbǎo 명 햄버거
欧洲 Ōuzhōu 고유 유럽

资料 zīliào 명 자료
经常 jīngcháng 부 언제나, 늘, 자주
特点 tèdiǎn 명 특징
坏 huài 동 고장나다
修 xiū 동 수리하다

那么中国人呢？有人说，中国人买车像读MBA，要找很
Nàme Zhōngguó rén ne? Yǒurén shuō, Zhōngguó rén mǎi chē xiàng dú MBA, yào zhǎo

多资料，还要经常"做作业"：每种车多少钱？哪国的？有什
hěn duō zīliào, hái yào jīngcháng "zuò zuòyè": Měi zhǒng chē duōshao qián? Nǎ guó de? Yǒu

么特点？如果以后车坏了，修车方便不方便？还有最重要
shénme tèdiǎn? Rúguǒ yǐhòu chē huài le, xiū chē fāngbiàn bu fāngbiàn? Háiyǒu zuì zhòngyào

方便 fāngbiàn 형 편리하다
米 mǐ 양 미터(meter)
油 yóu 명 기름, 오일
满意 mǎnyì 형 만족하다
试 shì 동 시험하다, 시행하다

太太 tàitai 명 부인, 아내
懂 dǒng 동 알다, 이해하다

的，每千米要用多少油？最后，拿着几种自己最满意的车
de, měi qiān mǐ yào yòng duōshao yóu? Zuìhòu, ná zhe jǐ zhǒng zìjǐ zuì mǎnyì de chē

的资料，去销售公司试车。中国人很少一个人看车买车，
de zīliào, qù xiāoshòu gōngsī shì chē. Zhōngguó rén hěn shǎo yí ge rén kàn chē mǎi chē,

而是全家都去。虽然太太可能不懂车，孩子可能也不懂
érshì quánjiā dōu qù. Suīrán tàitai kěnéng bù dǒng chē, háizi kěnéng yě bù dǒng

车，但也要一起去看，最后一起决定。
chē, dàn yě yào yìqǐ qù kàn, zuìhòu yìqǐ juédìng.

▶ 본문의 내용을 바탕으로 질문에 중국어로 답해 보세요.

(1) 美国人买车有什么特点？欧洲人呢？

(2) 你觉得为什么中国人买车时喜欢全家人一起去看？

(3) 为什么说中国人买车像读MBA？

学一学 어법 체크하기

❶ 不一会儿
不一会儿，付钱、拿车钥匙、开车回家——这是美国人在买车。

'不一会儿'은 '一会儿'과 같은 의미로, 매우 짧은 시간 이내를 말한다.

- 今天的作业很容易，我不一会儿就做完了。
  오늘 숙제는 쉬워서, 나는 금방 다 했다.

- 小王很会做菜，不一会儿就做好了宫保鸡丁和西红柿炒鸡蛋。
  샤오왕은 요리를 잘해서, 잠깐 사이에 꿍빠오지딩과 토마토계란볶음을 만들어 냈다.

❷ 像
中国人买车**像**读MBA，要找很多资料。

'像'은 동사로, '마치 ~와 같다'라는 뜻이다. '似的'나 '一样' '一般'과 함께 쓰일 수 있다.

- 老人疼我像疼自己的儿子一样。
  노인은 나를 자기 자식처럼 아꼈다.

- 这位美国老人也像中国人一样，每天早晨去公园打太极拳。
  미국 노인도 중국인처럼 매일 아침 공원에 가서 태극권을 한다.

练一练 실력 점검하기

1 본문을 바탕으로 다음 내용이 옳으면 ○표, 옳지 않으면 ×표 하세요.

　(1) 中国人买车的时候，认为用油多少很重要。　(　　)

　(2) 欧洲人买车喜欢自己的车跟别人的不一样。　(　　)

　(3) 在中国，买车的时候一般一个人去。　　　　(　　)

2 본문의 내용을 바탕으로 빈칸을 올바르게 채워 보세요.

	美国人	欧洲人	中国人
花多长时间	(1)	(2)	(3)
跟谁去	(4)	(5)	(6)
什么问题重要	(7)	(8)	(9)

중국문화 맛보기

★ 中国车牌的颜色 ★

大型民用汽车：黄底黑字。
小型民用汽车：蓝底白字。
武警专用汽车：白底红"WJ"、黑字。
使领馆外籍汽车：黑底白字及一个"使"字标志。
其它外籍汽车：黑底白字。

★ 중국 차의 번호판 색깔 ★

대형 민간 차량: 노란색 바탕에 검은색 글자.
소형 민간 차량: 파란색 바탕에 흰색 글자.
무장경찰 전용 차량: 흰색 바탕에 빨간색으로 'WJ'라고 적고, 검은색 글자를 쓴다.
대사관, 영사관 등의 외국 국적 차량: 검은색 바탕에 흰색 글자와 '使'를 쓴다.
기타 외국 국적 차량: 검은색 바탕에 흰색 글자.

6 打招呼也不同

인사하는 것도 다르다

★ 생각 포인트 ★

길을 가다가 아는 사람을 만나면 여러분은 어떻게 인사를 하나요?

★ 어법 포인트 ★

看来
主动

读一读 본문 따라잡기 Track 11

我叫玛丽，是美国人，我来中国一年了。刚到中国时，
Wǒ jiào Mǎlì, shì Měiguó rén, wǒ lái Zhōngguó yì nián le. Gāng dào Zhōngguó shí,

我像在美国一样，遇到不认识的人也笑着打招呼。如果在街
wǒ xiàng zài Měiguó yíyàng, yùdào bú rènshi de rén yě xiào zhe dǎ zhāohu, Rúguǒ zài jiē

上，我说"Hi"；如果在学校里，我说"Hello"。但是，我发
shang, wǒ shuō "Hi"; rúguǒ zài xuéxiào li, wǒ shuō "Hello". Dànshì, wǒ fā

现，我的做法有时候会让中国人吓一跳！比如，我在校园里
xiàn, wǒ de zuòfǎ yǒushíhòu huì ràng Zhōngguó rén xià yí tiào! Bǐrú, wǒ zài xiàoyuán li

遇到中国同学，就先笑着问候他们。但是，他们看到我的笑
yùdào Zhōngguó tóngxué, jiù xiān xiào zhe wènhòu tāmen. Dànshì, tāmen kàndào wǒ de xiào

容都有点儿吃惊。有的人也会笑着点头，还有些人虽然听到
róng dōu yǒu diǎnr chījīng. Yǒude rén yě huì xiào zhe diǎn tóu, hái yǒuxiē rén suīrán tīngdào

了，却没反应。
le, què méi fǎnyìng.

새 단어 Track 12

打招呼 dǎ zhāohu 통 (말이나 행동으로) 인사하다
做法 zuòfǎ 명 (일처리나 물건을 만드는) 방법
吓一跳 xià yí tiào 깜짝 놀라다
校园 xiàoyuán 명 교정, 캠퍼스
问候 wènhòu 통 안부를 묻다, 문안드리다

笑容 xiàoróng 명 웃는 얼굴
点头 diǎn tóu 통 (긍정의 의미로) 고개를 끄덕이다
反应 fǎnyìng 명 반응
法国 Fǎguó 고유 프랑스
同屋 tóngwū 명 룸메이트

为什么呢？我觉得很奇怪。看来，我还不太了解中国人。
Wèishénme ne? Wǒ juéde hěn qíguài. Kànlái, wǒ hái bú tài liǎojiě Zhōngguó rén.

我的法国同屋告诉我："中国人对认识的人微笑比较
Wǒ de Fǎguó tóngwū gàosu wǒ: "Zhōngguó rén duì rènshi de rén wēixiào bǐjiào

多，对不认识的人微笑比较少。我刚来的时候，也没有中国
duō, duì bú rènshi de rén wēixiào bǐjiào shǎo. Wǒ gāng lái de shíhou, yě méiyǒu Zhōngguó

微笑 wēixiào 명 미소
主动 zhǔdòng 형 주동적인
习惯 xíguàn 동 습관이 되다, 적응하다
大多数 dàduōshù 명 대다수의, 대부분의
亲爱 qīn'ài 형 친애하다, 사랑하다

同学主动跟我打招呼。但现在我们熟悉了，在图书馆、
tóngxué zhǔdòng gēn wǒ dǎ zhāohu. Dàn xiànzài wǒmen shúxī le, zài túshūguǎn、

食堂遇到了，他们都会笑着跟我打招呼。"
shítáng yùdào le, tāmen dōu huì xiào zhe gēn wǒ dǎ zhāohu."

听完她的话，我才知道中国人是怎么打招呼的：他们
Tīng wán tā de huà, wǒ cái zhīdào Zhōngguó rén shì zěnme dǎ zhāohu de: tāmen

不习惯跟不认识的人打招呼，大多数中国人只是在有事的
bù xíguàn gēn bú rènshi de rén dǎ zhāohu, dàduōshù Zhōngguó rén zhǐ shì zài yǒu shì de

时候才跟不认识的人打招呼。亲爱的朋友，我说得对吗？
shíhou cái gēn bú rènshi de rén dǎ zhāohu. Qīn'ài de péngyou, wǒ shuō de duì ma?

▶ 본문의 내용과 자신의 경험을 바탕으로 질문에 중국어로 답해 보세요.

(1) 刚来中国的时候，"我"是怎么和别人打招呼的？

(2) 在你的国家，人们一般怎么打招呼？

学一学 어법 체크하기

❶ 看来

我觉得很奇怪。看来，我还不太了解中国人。

'看来'는 삽입어로, 객관적 상황에 의거해서 추측함을 나타낸다.

- 你们都不说话，看来是不同意我的意见。
  너희들이 모두 말하지 않는 것을 보니, 내 의견에 동의하지 않는 것이로구나.

- 都这么晚了他还没到，看来他不会来了。
  이렇게 늦었는데도 그가 아직 도착하지 않은 걸 보니, 그는 오지 않을 것이다.

❷ 主动

我刚入学的时候，也没有中国同学主动跟我打招呼。

'主动'은 형용사이며, 외부의 힘이 작용되기 전에 스스로 행동함을 나타낸다.

- 在公共汽车上，他主动把座位让给了老人。
  버스에서 그는 스스로 자리를 어르신께 양보했다.

- 那个女孩儿今天早上主动对我说："我很喜欢你！"
  그 여자아이는 오늘 아침 먼저 나에게 "나 너 좋아해!"라고 말했다.

练一练 실력 점검하기

1 본문의 내용을 바탕으로 빈칸에 들어갈 알맞은 답을 고르세요.

(1) "我"问候不认识的人时_____。
 A. 他们笑着跟我打招呼　　　　B. 他们有点儿吃惊
 C. 他们都没反应　　　　　　　D. 他们很高兴

(2) "我"觉得奇怪是因为_____。
 A. 有的中国人对我的招呼没反应　B. 中国人不热情
 C. 中国人不喜欢跟外国人打招呼　D. 中国人的笑容很奇怪

(3) 下面说法正确的是_____。
 A. 中国人对认识的人微笑多　　　B. 中国人喜欢主动跟"我"打招呼
 C. "我"是法国人　　　　　　　　D. "我"以后不会和不认识的人打招呼了

중국문화 맛보기

★ 中国人打招呼的方式 ★

中国人打招呼并非只是说"你吃了吗?"，也常说"你好!"并且，人们打招呼的方式越来越多元化，常会根据环境、人物及人物的年龄灵活处理。比如遇到上班族，会问："最近忙吗?"遇到老人，会问："最近身体好吗?"遇到老师，会问"今天有课吗?"不过，现在的年轻人见面一声"Hello!"也已司空见惯。

★ 중국인의 인사 방식 ★

중국인들이 인사할 때 "식사 하셨어요?"만 하는 것은 아니다. "안녕하세요!"도 자주 쓴다. 게다가 사람들이 인사하는 방식도 점점 다원화되어, 종종 환경이나 인물 및 인물의 연령에 근거해서 융통성 있게 처리한다. 예를 들어, 직장인을 만나면 "요즘 바빠요?"라고 묻고, 어르신을 만나면 "요즘 건강은 어떠세요?"라고 물으며, 선생님을 만나면 "오늘 수업 있으세요?"라고 묻는다. 하지만, 요즘 젊은이들은 만나면 "Hello!"라고 하는 것도 이미 흔한 일이 되었다.

7 中国的高考——考全家

중국의 대학입학시험, 온 가족의 시험

★ 생각 포인트 ★

여러분은 고3 시절에
힘들었나요?
대학교 들어갈 때
어려웠나요?

★ 어법 포인트 ★

其实
才

读一读 본문 따라잡기

Track 13

2007年6月7日，高考第一天，全国有1,000多万高三学生
Èr líng líng qī nián liù yuè qī rì, gāokǎo dì yī tiān, quánguó yǒu yì qiān duō wàn gāo sān xuésheng

走进了考场。他们中最后能上大学的只有570万左右。
zǒujìn le kǎochǎng. Tāmen zhōng zuìhòu néng shàng dàxué de zhǐyǒu wǔbǎi qīshí wàn zuǒyòu.

很多父母这一天都请假不上班，一家三口人都来到考
Hěn duō fùmǔ zhè yì tiān dōu qǐng jià bú shàngbān, yì jiā sān kǒu rén dōu láidào kǎo

场。一些学生的家比较远，父母还给他们预订了考场附近的
chǎng. Yìxiē xuésheng de jiā bǐjiào yuǎn, fùmǔ hái gěi tāmen yùdìng le kǎochǎng fùjìn de

宾馆。
bīnguǎn.

早上九点，考试开始。有的父母马上回家给孩子准备午
Zǎoshang jiǔ diǎn, kǎoshì kāishǐ. Yǒude fùmǔ mǎshang huí jiā gěi háizi zhǔnbèi wǔ

饭，更多的父母会留在考场外面等孩子。虽然不少父母工作
fàn, gèng duō de fùmǔ huì liú zài kǎochǎng wàimian děng háizi. Suīrán bù shǎo fùmǔ gōngzuò

새 단어 Track 14

高考 gāokǎo 명 중국 대학입학시험
考场 kǎochǎng 명 고사실, 시험장
只有 zhǐyǒu 동 ~만 있다, ~밖에 없다
请假 qǐng jià 동 휴가를 받다, 휴가를 신청하다
预订 yùdìng 동 예약하다

宾馆 bīnguǎn 명 (규모가 비교적 큰) 호텔
一生 yìshēng 명 일생, 평생
其实 qíshí 부 사실
甚至 shènzhì 부 심지어, ~까지도
制订 zhìdìng 동 제정하다

忙，很难请假，但是他们都觉得高考和结婚、生孩子一样，是一生只有一次的大事，所以这三天的高考，一定要和孩子在一起。

计划 jìhuà 명 계획, 작정, 방안

安排 ānpái 동 안배하다, 배치하다

辅导班 fǔdǎobān 명 학원

陪 péi 동 모시다, 동반하다

感冒 gǎnmào 동 감기에 걸리다

考验 kǎoyàn 동 시험하다

其实，从考试前半年甚至一年起，很多考生的父母就
Qíshí, cóng kǎoshì qián bàn nián shènzhì yì nián qǐ, hěn duō kǎoshēng de fùmǔ jiù

已经在做准备了。他们帮孩子制订复习计划，安排日常生
yǐjing zài zuò zhǔnbèi le. Tāmen bāng háizi zhìdìng fùxí jìhuà, ānpái rìcháng shēng

活，并带孩子参加各种辅导班。有的父母每天都陪着孩子
huó, bìng dài háizi cānjiā gèzhǒng fǔdǎobān. Yǒude fùmǔ měitiān dōu péi zhe háizi

复习，孩子睡了自己才睡，甚至每天夜里还要起床看看孩
fùxí, háizi shuì le zìjǐ cái shuì, shènzhì měitiān yèli hái yào qǐ chuáng kànkan hái

子，怕孩子感冒生病。第二天早上六点多，又要叫孩子起
zi, pà háizi gǎnmào shēngbìng. Dì èr tiān zǎoshang liù diǎn duō, yòu yào jiào háizi qǐ

床上学。这样的考试不只是对考生一个人的考验，也是对
chuáng shàngxué. Zhèyàng de kǎoshì bù zhǐshì duì kǎoshēng yí ge rén de kǎoyàn, yě shì duì

他们一家人的考验。
tāmen yìjiārén de kǎoyàn.

想一想 생각 넓히기

▶ 본문의 내용과 자신의 경험을 바탕으로 질문에 중국어로 답해 보세요.

(1) 在你的国家，人们是怎么考大学的？

(2) 孩子高考时，很多父母为什么要请假？

(3) 为什么父母夜里还要起床看看孩子？

学一学 어법 체크하기

❶ 其实

其实，从考试前半年甚至一年起，很多考生的父母就已经在做准备了。

'其实'는 부사이다. 말하는 것이 실제 상황임을 나타내며, 앞 문장에 대해 보충하거나 수정할 때 쓰인다.

- 大家都知道他是一位运动员，其实他也是一位老师。
  모두 다 그가 운동선수라는 것을 알고 있지만, 사실 그는 선생님이기도 하다.

- 我这么做不只是为了帮助你，其实也是为了我自己。
  내가 이렇게 하는 것은 너를 돕기 위해서이기도 하지만, 사실 나 자신을 위해서이기도 하다.

❷ 才

有的父母每天都陪着孩子复习，孩子睡了自己才睡。

'才'는 부사로, 시간을 나타내는 말 뒤에 쓰이며, 일이 너무 늦게 발생하거나, 늦게 끝났음을 설명한다.

- 昨天晚上他12点才回来，别人都已经睡觉了。
  어젯밤에 그는 12시가 되어서야 돌아왔고, 다른 사람들은 모두 이미 잠들었다.

- 已经上课十分钟了，你怎么才来啊？
  수업 시작한 지 이미 10분이 지났는데, 너는 어째서 이제야 왔니?

练一练 실력 점검하기

1 본문의 내용을 바탕으로 빈칸에 들어갈 알맞은 답을 고르세요.

(1) 下列关于"高考"的说法，正确的是_____。

　　A．是中国的大学入学考试　　　B．在每年冬天开始
　　C．一共只有一天　　　　　　　D．每个人都能考好

(2) "考全家"的意思是_____。

　　A．父母也要付出很多努力　　　B．很多父母请假不上班
　　C．全家一定要住进宾馆　　　　D．父母也要参加考试

2 본문의 내용을 바탕으로 빈칸을 채워 보세요.

(1) 孩子高考前，父母做的事：_____。

(2) 孩子高考时，父母做的事：_____。

중국문화 맛보기

★ 中国的高考 ★

高考是中国目前选拔人才的一个重要途径。1977年中国恢复高考制度，给中国的高等教育带来了生机，为国家培养出大批人才。1999年中国高校进行大规模扩招，高等教育从当年的精英化走向大众化。然而，高考对每位考生来说，仍是他们人生中的一个重要关口。

★ 중국의 대학입학시험 ★

대학입학시험은 중국에서 현재 인재를 선발하는 중요한 경로이다. 1977년 중국이 대학입시제도를 부활시키면서, 중국의 고등 교육은 활기를 띠게 되었고, 국가를 위해 많은 인재를 양성해 냈다. 1999년 중국의 고등 교육 기관들은 모집 인원을 대규모로 확대하였고, 고등 교육은 당시의 엘리트 위주 교육에서 대중화 교육으로 나아가게 되었다. 하지만 대학입시는 모든 수험생들에게 있어서, 여전히 일생 중 하나의 중요한 고비이다.

8 | 8月8日, 我们结婚

8월 8일에 우리 결혼해요

★ 생각 포인트 ★

여러분은 중국인들이 어떤 날에 결혼하기를 선호하는지 아시나요? 중국인의 결혼식은 어떤 모습인지 살펴볼까요?

★ 어법 포인트 ★

结婚
忽然
讲究

读一读 본문 따라잡기 Track 15

8月8日的早上8点，你会发现北京的大路小路上，忽然
Bā yuè bā rì de zǎoshang bā diǎn, nǐ huì fāxiàn Běijīng de dàlù xiǎolù shang, hūrán

出现了很多系着鲜花和红气球的汽车。这天中午，你又会发
chūxiàn le hěn duō jì zhe xiānhuā hé hóng qìqiú de qìchē. Zhè tiān zhōngwǔ, nǐ yòu huì fā

现不少饭店门口都有很多人，他们高兴地等在那里。为什么
xiàn bù shǎo fàndiàn ménkǒu dōu yǒu hěn duō rén, tāmen gāoxìng de děng zài nàli. Wèishénme

会这样呢？因为中国人认为这一天是结婚的好日子。
huì zhèyàng ne? Yīnwèi Zhōngguó rén rènwéi zhè yì tiān shì jiéhūn de hǎo rìzi.

除了8月8日，中国人还喜欢在2月2日、6月6日、10月10日
Chúle Bā yuè bā rì, Zhōngguó rén hái xǐhuan zài èr yuè èr rì, liù yuè liù rì, shí yuè shí rì

等日子结婚，因为这些日子的"月"和"日"都是双数，两个人
děng rìzi jiéhūn, yīnwèi zhèxiē rìzi de "yuè" hé "rì" dōu shì shuāngshù, liǎng ge rén

就会"一双一对"。"5"因为听起来有点儿像"幸福"的"福"，所
jiù huì "yì shuāng yí duì". "Wǔ" yīnwèi tīng qǐlai yǒu diǎnr xiàng "xìngfú" de "fú", suǒ

새 단어 Track 16

忽然 hūrán 부 갑자기
系 jì 동 매달다, 묶다
鲜花 xiānhuā 명 생화, 꽃
气球 qìqiú 명 풍선
除了 chúle 개 ~외에 또

双数 shuāngshù 명 짝수
幸福 xìngfú 명 행복 동 행복하다
习俗 xísú 명 풍속, 습속
经过 jīngguò 동 지나다, 경과하다
新娘 xīnniáng 명 신부

以也很受欢迎。9月9日这天，结婚的人也特别多，因为在汉
yǐ yě hěn shòu huānyíng. Jiǔ yuè jiǔ rì zhè tiān, jiéhūn de rén yě tèbié duō, yīnwèi zài Hàn

语里，"9"和"久"的发音一样，有"永远"的意思。
yǔ li, "jiǔ" hé "jiǔ" de fāyīn yíyàng, yǒu "yǒngyuǎn" de yìsi.

讲究结婚的日期是中国人的老习惯。但是有一些传统婚
Jiǎngjiu jiéhūn de rìqī shì Zhōngguó rén de lǎo xíguàn. Dànshì yǒu yìxiē chuántǒng hūn

婚礼 hūnlǐ 명 혼례, 결혼식

结束 jiéshù 통 마치다, 끝나다

盖 gài 통 덮다

新郎 xīnláng 명 신랑

婚纱 hūnshā 명 웨딩드레스

旗袍 qípáo 명 치파오(중국 여성의 원피스 형태의 의복)

礼的习俗，经过了几千年的时间，由于各种原因，现在已经看不到了。比如，在过去的婚礼上，新娘从头到脚都应该穿红色；从婚礼开始到结束，新娘头上一直盖着一块红布，新娘看不到新郎，新郎和其他人也都看不到新娘的脸。而现在，新娘头上已经不用盖什么东西了，她们一般都穿白色的婚纱，或者先穿白色的婚纱，婚礼中间休息的时候再换成红色的旗袍。

 想一想 생각 넓히기

▶ 본문의 내용과 자신의 경험을 바탕으로 질문에 중국어로 답해 보세요.

(1) 中国人一般怎么选择结婚日期？

(2) 在你的国家，人们讲究结婚的日期吗？

学一学 어법 체크하기

❶ 结婚
8月8日，我们结婚。

'结婚'은 동사이다. '남녀가 결합하여 부부가 되다'라는 뜻인데, 뒤에 목적어가 올 수 없다. '~와 결혼하다'라고 표현하려면 '和 / 跟……结婚'의 형태로 써야 한다.

- 我和周丽已经相爱很长时间了，我想今年秋天跟她结婚。
  나는 저우리와 이미 오랜 시간 서로 사랑해 왔고, 올 가을에 그녀와 결혼할 생각이다.

- 爸爸妈妈是1980年3月26日结婚的。
  아버지, 어머니는 1980년 3월 26일에 결혼하셨다.

❷ 忽然
北京的大路小路上，忽然出现了很多系着鲜花和红气球的汽车。

'忽然'은 부사이며, 상황이 매우 갑자기 발생하고 또 뜻밖임을 나타낸다.

- 刚才还是晴天，怎么忽然下起大雨来了？
  방금까지도 날씨가 맑았는데 어떻게 갑자기 큰 비가 쏟아지지?

- 忽然，我的眼前全黑了，什么都看不见。
  갑자기 내 눈앞이 깜깜해 지고 아무것도 보이지 않았다.

❸ 讲究
讲究结婚的日期是中国人的老习惯。

'讲究'는 동사로, '추구하다' '중시하다'라는 의미이다.

- 她不讲究吃，也不讲究穿，很节俭。
  그녀는 먹는 것도 중시하지 않고, 입는 것도 중시하지 않고, 매우 검소하다.

- 小王一家很讲究卫生，房间总是干干净净的。
  샤오왕 가족은 위생을 중요시해서, 집안이 항상 매우 깨끗하다.

练一练 실력 점검하기

1 본문을 바탕으로 다음 내용이 옳으면 ○표, 옳지 않으면 ×표 하세요.

(1) 北京人结婚的时候一般在饭店吃午饭。　　(　　)

(2) 中国人不太喜欢"5"这个数字。　　(　　)

(3) 许多传统婚礼的习俗现在已经看不到了。　　(　　)

2 본문의 내용을 바탕으로 빈칸에 들어갈 알맞은 답을 고르세요.

(1) 现在的中国婚礼，新娘一般_____。

　A. 穿白色婚纱　　　B. 戴着红花
　C. 头上盖着红布　　D. 穿着红色衣服

(2) 中国人可能不喜欢在_____结婚。

　A. 9月9日　　　B. 3月13日
　C. 6月8日　　　D. 12月12日

중국문화 맛보기

★ 中国人的数字 ★

在中国，"好听"一词不仅可以用在声音上，有时还能用在数字上。比如你买东西时，说了一个"二百五"的价格，卖东西的人马上会说"这个价格不好听！"因为"二百五"是"笨；傻"的意思。但如果你说"两百五"，就没什么问题。另外"3"像"散""4"像"死"中国人也不喜欢，而"6"、"8"这样的双数都是中国人喜欢的数字。

★ 중국인의 숫자 ★

중국에서 '듣기 좋다'라는 말은 소리에만 쓸 수 있는 것이 아니다. 때로는 숫자에 쓰기도 한다. 예를 들어, 물건을 살 때 '二百五'라는 가격을 말한다면, 물건 파는 사람은 곧바로 "이 가격은 듣기에 안 좋아요!"라고 말할 것이다. 왜냐하면 '二百五'는 '멍청하다' '어리석다'라는 뜻이기 때문이다. 하지만 만약 '两百五'라고 한다면 아무 문제도 없을 것이다. 그 외에도 '3'은 '散'과 발음이 비슷하고, '4'는 '死'처럼 들려서 중국인들이 싫어하지만, '6'이나 '8' 같은 짝수는 모두 중국인들이 좋아하는 숫자이다.

9 | 中国的茶馆

중국의 찻집

★ 생각 포인트 ★

차를 마시는 것은 중국인들의 습관입니다. 차를 마시면서 이야기 나누기 또는 중국 전통 예술 감상하기는 참 괜찮은 일인 것 같지 않나요?

★ 어법 포인트 ★

或者……或者……
提供
吸引

读一读 본문 따라잡기

你可能去过大饭店，去过咖啡馆，也可能去过歌厅什么
Nǐ kěnéng qù guo dà fàndiàn, qù guo kāfēiguǎn, yě kěnéng qù guo gētīng shénme

的，可是你有没有去过中国的茶馆呢？
de, kěshì nǐ yǒu méiyǒu qù guo Zhōngguó de cháguǎn ne?

在中国，几乎每个城市都有茶馆，特别是南方的一些省
Zài Zhōngguó, jīhū měi ge chéngshì dōu yǒu cháguǎn, tèbié shì nánfāng de yìxiē shěng

市，那里的茶馆几乎和饭馆一样多。不仅城市的马路边有茶
shì, nàli de cháguǎn jīhū hé fànguǎn yíyàng duō. Bùjǐn chéngshì de mǎlù biān yǒu chá

馆，公园里有茶馆，甚至农村都有茶馆了。很多人都有去茶
guǎn, gōngyuán li yǒu cháguǎn, shènzhì nóngcūn dōu yǒu cháguǎn le. Hěn duō rén dōu yǒu qù chá

馆的习惯。有些人一大早就到茶馆喝茶，有些人下班后到那
guǎn de xíguàn. Yǒuxiē rén yídàzǎo jiù dào cháguǎn hē chá, yǒuxiē rén xiàbān hòu dào nà

里坐上两三个小时，或读书看报，或一边喝茶，一边聊天。
li zuò shang liǎng sān ge xiǎoshí, huò dú shū kàn bào, huò yìbiān hē chá, yìbiān liáotiān.

| 새 단어 |

咖啡馆 kāfēiguǎn 명 커피숍
歌厅 gētīng 명 노래방, 가라오케
茶馆 cháguǎn 명 찻집, 다관
几乎 jīhū 부 거의
省 shěng 명 성(중국의 지방 행정 단위)

不仅 bùjǐn 접 ~뿐만 아니라
农村 nóngcūn 명 농촌
节假日 jiéjiàrì 명 (법정) 명절과 휴일
聚会 jùhuì 동 한데 모이다, 집합하다, 집결하다
总之 zǒngzhī 접 총괄하면, 요컨대

到了节假日，朋友们也常常到茶馆里聚会。有些茶馆还经常
Dào le jiéjiàrì, péngyoumen yě chángcháng dào cháguǎn li jùhuì. Yǒuxiē cháguǎn hái jīngcháng

有各种文化活动。总之，茶馆不但是人们休息的地方，也是
yǒu gèzhǒng wénhuà huódòng. Zǒngzhī, cháguǎn búdàn shì rénmen xiūxi de dìfang, yě shì

人们交流的重要地方，同时，也为国内外的游客提供了一个
rénmen jiāoliú de zhòngyào dìfang, tóngshí, yě wèi guó nèiwài de yóukè tígōng le yí ge

交流 jiāoliú 동 교류하다
游客 yóukè 명 여행객, 관광객
提供 tígōng 동 제공하다
壶 hú 명 주전자, 단지, 술병
小吃 xiǎochī 명 간단한 음식

节目 jiémù 명 프로그램
景点 jǐngdiǎn 명 명승지, 명소
吸引 xīyǐn 동 흡인하다, 잡아끌다
参观 cānguān 동 참관하다, 견학하다

了解当地文化的机会。

北京的茶馆也不少，其中最有名的是前门附近的老舍茶馆。客人一坐进老舍茶馆，服务员小姐马上就会送来一壶热茶和几种北京小吃。客人可以一边吃着、喝着，一边看中国传统的京剧、杂技等节目。现在，老舍茶馆已经成为一处新的旅游景点，每天都吸引着不少中外游客来参观。

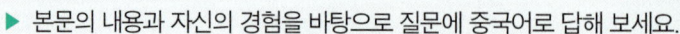

▶ 본문의 내용과 자신의 경험을 바탕으로 질문에 중국어로 답해 보세요.

(1) 人们在茶馆里一般做什么？

(2) 北京最有名的茶馆叫什么名字？它有什么特点？

学一学 어법 체크하기

❶ 或(者)……或(者)……
有些人下班后到那里坐上两三个小时，或读书看报，或一边喝茶，一边聊天儿。

'或(者)……或(者)'는 부사로, 연접한 몇 개의 항목 가운데서 한 가지를 선택함을 나타낸다.

- 朋友们也常常到茶馆里聚会，或谈生意，或讨论问题。
  친구들은 자주 찻집에 모여서 사업을 이야기하거나, 문제를 토론하곤 한다.

- 这个寒假我们全家或者去上海玩儿，或者去北京玩儿。
  이번 겨울 방학에 우리 온 가족은 상하이에 놀러 가거나, 베이징에 놀러 갈 것이다.

❷ 提供
同时，也为国内外的游客提供了一个了解当地文化的机会。

'提供'은 동사로, '의견이나 물자, 조건 등을 제공하다'라는 뜻이다.

- 学校给我们提供了很好的学习条件，所以我们要好好学习。
  학교가 우리에게 좋은 학습 조건을 제공했으니, 우리는 열심히 공부해야 한다.

- 这个饭店为客人提供免费的早餐。
  이 호텔은 손님들에게 무료로 아침 식사를 제공한다.

❸ 吸引
老舍茶馆每天都吸引着不少中外游客来参观。

'吸引'은 동사로, '다른 물건이나 힘, 혹은 다른 사람의 관심을 자기 쪽으로 끌어오다'라는 뜻이다.

- 北京非常吸引我，所以我想在这里多住一段时间。
  베이징은 정말 나를 매료시켰기 때문에, 나는 여기에 좀 더 머물 생각이다.

- 那本书的名字吸引了很多老年人的注意。
  그 책의 제목은 많은 노년층의 관심을 끌었다.

练一练 실력 점검하기

1 본문을 바탕으로 다음 내용이 옳으면 ○표, 옳지 않으면 ×표 하세요.

　(1) 北方的茶馆比南方多。　　　　　　　　　(　　)

　(2) 在茶馆不仅可以喝茶，还可以吃小吃。　　(　　)

　(3) 茶馆是一个人们一起交流的地方。　　　　(　　)

　(4) 老舍茶馆在北京的西直门附近。　　　　　(　　)

2 빈칸에 들어갈 알맞은 글자를 박스에서 찾아 써 넣으세요.

　　　　提供　　　吸引　　　或

　(1) 她们常常到茶馆里聚会，_____谈生意，_____讨论问题。

　(2) 这首歌的名字_____了很多人的注意。

　(3) 这个饭店为客人_____免费的早餐。

중국문화 맛보기

★ 老舍茶馆 ★

老舍茶馆是以作家老舍及其名剧《茶馆》命名的茶馆，始建于1988年。老舍茶馆古香古色，京味十足。在这里，大家可以欣赏到京剧、曲艺、杂技等中国优秀民族艺术的精彩表演，同时可以品用各类名茶、宫廷细点、北京传统小吃。自开业以来，老舍茶馆接待了近四十位外国元首和两百多万中外游客。

★ 노사차관 ★

노사차관은 작가인 노사와 그의 유명한 작품 『차관』으로 이름 붙인 찻집으로, 1988년에 세워 졌다. 노사차관은 옛 정취가 물씬 풍기며, 베이징의 색채가 매우 짙다. 여기서는 경극과 각종 민간 예능, 곡예 등 우수한 중국 민족 예술의 멋진 공연을 감상할 수 있고, 동시에 각종 명차와 궁중 과자, 베이징의 전통 간식거리를 맛볼 수 있다. 개업 이래로 노사차관은 40명 가까운 외국 국가원수와 200여 만 명의 국내외 관광객을 맞이했다.

10 海龟和海带

바다거북과 다시마

★ 생각 포인트 ★

여러분은 바다거북(海龟)을 본 적이 있을 것입니다. 다시마(海带)를 먹어 본 적도 있겠지요. 그렇다면 '海归'나 '海待'도 들어 본 적이 있나요?

★ 어법 포인트 ★

别的
直到

读一读 본문 따라잡기

Track 19

古代中国人认为自己的国家在大海的中间，别的国家都
Gǔdài Zhōngguó rén rènwéi zìjǐ de guójiā zài dàhǎi de zhōngjiān, biéde guójiā dōu

在大海以外很远的地方。所以，他们说自己的国家是"海
zài dàhǎi yǐwài hěn yuǎn de dìfang. Suǒyǐ, tāmen shuō zìjǐ de guójiā shi "hǎi

内"，说别的国家是"海外"。直到现在，人们还是这样说。
nèi", shuō biéde guójiā shì "hǎiwài". Zhídào xiànzài, rénmen háishi zhèyàng shuō.

"去海外"就是"出国；去外国"的意思。
"Qù hǎiwài" jiùshì "chūguó; qù wàiguó" de yìsi.

中国人很早就开始去海外留学，但是直到1980年以后，
Zhōngguó rén hěn zǎo jiù kāishǐ qù hǎiwài liúxué, dànshì zhídào yī jiǔ bā líng nián yǐhòu,

去海外留学的人才多了起来。因为他们学习了先进的知
qù hǎiwài liúxué de réncái duō le qǐlai. Yīnwèi tāmen xuéxí le xiānjìn de zhī

识和技术，还会说外语，所以毕业回国后，都有很好的工作
shi hé jìshù, hái huì shuō wàiyǔ, suǒyǐ bìyè huíguó hòu, dōu yǒu hěn hǎo de gōngzuò

| 새 단어 | Track 20

大海 dàhǎi 명 큰 바다, 대해
留学 liúxué 동 유학하다
先进 xiānjìn 형 선진적이다, 진보적이다
知识 zhīshi 명 지식
技术 jìshù 명 기술

外语 wàiyǔ 명 외국어
毕业 bìyè 동 졸업하다
收入 shōurù 명 수입, 소득
归来 guīlái (다른 곳에서 원래의 곳으로) 돌아오다
称为 chēngwéi 동 ~라고 부르다

和收入。人们把这些从海外留学归来的人称为"海归"(海龟)。
hé shōurù.　　Rénmen bǎ zhèxiē cóng hǎiwài liúxué guīlái de rén chēngwéi "hǎiguī" (hǎiguī).

　　后来,"海归"越来越多,找工作也越来越难了。很多
Hòulái,　"hǎiguī" yuè lái yuè duō,　zhǎo gōngzuò yě yuè lái yuè nán le. Hěn duō

海龟 hǎiguī 바다거북

等待 děngdài (사물·상황 등을) 기다리다

海带 hǎidài 다시마

词语 cíyǔ 어휘

有趣 yǒuqù 재미있다, 흥미를 끌다

流行 liúxíng 유행하다, 널리 퍼지다

"海归"找不到工作，只好等待。于是，人们又把这些从海外留学归来、等待工作机会的人称为"海待"（海带）。

"海归"和"海待"，最早都是在网上使用的词语，因为有趣，所以很快就流行起来了。

▶ 본문의 내용을 바탕으로 질문에 중국어로 답해 보세요.

(1) "去海外"是什么意思？为什么？

(2) 一开始"海归"为什么都有很好的工作和收入？

学一学 어법 체크하기

❶ 别的
古代中国人认为自己的国家在大海的中间，别的国家都在大海以外很远的地方。

'别的'는 '기타의' '그 밖의'라는 뜻인데, 명사를 수식할 수도 있고, 직접 명사를 대신할 수도 있다.

- 除了北京，我还想去别的城市看看。
  베이징 외에, 나는 다른 도시에도 가보고 싶다.

- 今天晚上我只想吃火锅，不想吃别的。
  오늘 저녁에 나는 훠궈만 먹고 싶고, 다른 것은 먹고 싶지 않다.

❷ 直到
直到现在，人们还是这样说。

'直到'는 동사로, 뒤에 시간을 나타내는 말을 더해서 동작이나 상태가 어떤 시간까지 지속됨을 나타낸다.

- 直到昨天晚上，我才听到这个消息。
  어제 저녁이 되어서야 나는 비로소 이 소식을 들을 수 있었다.

- 那个孩子每天都要吃冰激凌，直到成为北极探险家。
  그 아이는 매일 아이스크림을 먹으려 했고, 커서 북극 탐험가가 될 때까지도 그랬다.

练一练 실력 점검하기

1 본문을 바탕으로 다음 내용이 옳으면 ○표, 옳지 않으면 ×표 하세요.

(1) 在古代，中国在大海的中间，别的国家都在大海以外很远的地方。（   ）

(2) "海内"是古代中国人对自己国家的称呼，现在已经不这样说了。 （   ）

(3) 中国人从20世纪80年代开始去海外留学。   （   ）

(4) "海归"和"海待"的说法人们很喜欢。   （   ）

2 각 단어에 어울리는 내용을 찾아 연결해 보세요.

(1) 海归 ·　　　　　　· A. 一种生活在大海中的动物

(2) 海内 ·　　　　　　· B. 中国人说外国

(3) 海外 ·　　　　　　· C. 从海外留学归来、找不到工作、等待工作机会的人

(4) 海龟 ·　　　　　　· D. 中国人说自己的国家

(5) 海带 ·　　　　　　· E. 一种大海中的植物

(6) 海待 ·　　　　　　· F. 从海外留学归来的人

중국문화 맛보기

★ 网络语言，你明白多少? ★

很多在网上使用的语言非常有趣。比如说，"恐龙"(丑女)、"青蛙"(丑男)、"美眉"或"MM"(女孩子)、"BF"(男朋友)、"88"(拜拜)、"BT"(变态)等。这些语言都是"网民"、"网虫"们为了提高网上聊天的效率或满足某种特定的需要而使用的语言。

★ 인터넷 언어, 당신은 얼마나 알고 있는가? ★

인터넷 상에서 쓰는 많은 언어들은 굉장히 재미있다. 예를 들면, '공룡(못생긴 여자)' '개구리(못생긴 남자)' '아름다운 눈썹(젊은 여자)' 혹은 'MM(젊은 여자)' 'BF(남자 친구)' '88(bye-bye)' 'BT(변태)' 등이다. 이러한 언어들은 '네티즌'들이나 '인터넷 중독자'들이 온라인 채팅의 효율을 높이거나 어떤 특정한 수요를 만족시키기 위해서 사용하게 된 언어이다.

11 | 望京——
北京的新韩国城

왕징, 베이징의 새로운 코리아 타운

★ 생각 포인트 ★

베이징 최초의 코리아 타운 우따오커우를 아실 것입니다. 그러면 여러분은 베이징의 새로운 코리아 타운 왕징도 아시나요?

★ 어법 포인트 ★

甚至
同样

读一读 본문 따라잡기

Track 21

以前，北京的出租车司机一听客人说韩语，马上就会
Yǐqián, Běijīng de chūzūchē sījī yì tīng kèrén shuō Hányǔ, mǎshang jiù huì

问："您是去五道口吧？"现在，这个问题已经变成了："您是
wèn: "Nín shì qù Wǔdàokǒu ba?" Xiànzài, zhè ge wèntí yǐjing biànchéng le: "Nín shì

去望京吧？"
qù Wàngjīng ba?"

在望京的西园，韩国家庭比中国家庭还多。这里的服务
Zài Wàngjīng de xīyuán, Hánguó jiātīng bǐ Zhōngguó jiātīng hái duō. Zhèli de fúwù

员几乎都会汉韩两种语言。2005年，望京又请来了会韩语
yuán jīhū dōu huì Hàn Hán liǎng zhǒng yǔyán. Èr líng líng wǔ nián, Wàngjīng yòu qǐng lái le huì Hányǔ

的警察、医生和护士。
de jǐngchá、yīshēng hé hùshi.

中国和韩国虽然是邻居，但是两国人的生活习惯还是有
Zhōngguó hé Hánguó suīrán shì línjū, dànshì liǎng guó rén de shēnghuó xíguàn háishi yǒu

| 새 단어 | Track 22

出租车 chūzūchē 명 택시
司机 sījī 명 기사, 운전사
警察 jǐngchá 명 경찰
医生 yīshēng 명 의사
护士 hùshi 명 간호사

邻居 línjū 명 이웃
许多 xǔduō 명 매우 많다
鞋子 xiézi 명 신발, 구두
订 dìng 통 주문하다
外卖 wàimài 명 테이크 아웃, 배달 판매

许多不同。比如，韩国人习惯把鞋子放到门外，但是中国邻
xǔduō bùtóng.　　Bǐrú,　　Hánguó rén xíguàn bǎ xiézi fàng dào mén wài, dànshì Zhōngguó lín

居觉得门前的地方是大家的，一些中国老人甚至还会生气。
jū juéde mén qián dìfang shì dàjiā de,　　yìxiē Zhōngguó lǎorén shènzhì hái huì shēngqì.

韩国人订了外卖，吃完以后就会把碗放在家门口，等着饭馆
Hánguó rén dìng le wàimài, chī wán yǐhòu jiù huì bǎ wǎn fàng zài jiā ménkǒu, děng zhe fànguǎn

碗 wǎn 명 사발, 공기, 그릇		狗 gǒu 명 개	
卫生 wèishēng 형 위생적이다, 깨끗하다		电梯 diàntī 명 엘리베이터	
同样 tóngyàng 접 (앞에서 말한 바와) 마찬가지로		适应 shìyìng 동 적응하다	
扭 niǔ 동 몸을 비비 꼬다, 춤추다		流利 liúlì 형 유창하다	
秧歌 yāngge 명 앙가(중국 북방의 농촌 지역에서 유행하는 민간 가무의 일종)			

的服务员拿走。中国邻居看了，会觉得很不卫生。同样，
de fúwùyuán názǒu. Zhōngguó línjū kàn le, huì juéde hěn bú wèishēng. Tóngyàng,

韩国人也不明白为什么早上晚上，都有那么多中国人扭
Hánguó rén yě bù míngbai wèishénme zǎoshang wǎnshang, dōu yǒu nàme duō Zhōngguó rén niǔ

秧歌；为什么中国人会把狗带进电梯……
yāngge; wèishénme Zhōngguó rén huì bǎ gǒu dài jìn diàntī……

经过十几年的时间，在这里，中韩家庭的不同习惯已
Jīngguò shí jǐ nián de shíjiān, zài zhèli, Zhōng Hán jiātīng de bùtóng xíguàn yǐ

经不再是问题，年轻的韩国人就更加适应这里的生活了。
jing bú zài shì wèntí, niánqīng de Hánguó rén jiù gèngjiā shìyìng zhèli de shēnghuó le.

他们从小就生活在这里，还在北京上了大学。他们的汉语
Tāmen cóng xiǎo jiù shēnghuó zài zhèli, hái zài Běijīng shàng le dàxué. Tāmen de Hànyǔ

说得不但流利而且非常地道。他们的朋友里面，中国人甚
shuō de búdàn liúlì érqiě fēicháng dìdao. Tāmen de péngyou lǐmiàn, Zhōngguó rén shèn

至比韩国人还多。
zhì bǐ Hánguó rén hái duō.

想一想 생각 넓히기

▶ 본문의 내용과 자신의 경험을 바탕으로 질문에 중국어로 답해 보세요.

(1) 现在听到客人说韩语，出租车司机觉得他们可能要去哪儿？
(2) 中韩两国人的生活习惯有什么不同？

学一学 어법 체크하기

❶ 甚至
中国邻居觉得门前的地方是大家的，一些中国老人甚至还会生气。

'甚至'는 부사로, 더욱 두드러지는 사례를 강조하는데, 뒤에 종종 '也'나 '都'가 따른다.

- 现在国内国外的经济都不太好，很多"海归"甚至都找不到工作。
  현재 국내외 경제 상황이 별로 좋지 않아서, 많은 '海归'들이 심지어 취업도 하지 못하고 있다.

- 姚明现在非常有名，甚至很多外国朋友都知道他是"东方小巨人"。
  야오밍은 지금 굉장히 유명해서, 심지어 많은 외국 친구들까지도 그가 '동방의 작은 거인'이라는 것을 안다.

❷ 同样
同样，韩国人也不明白为什么早上晚上，都有那么多中国人扭秧歌。

'同样'은 형용사이다. 앞에서 말한 이치와 같음을 표시한다.

- 故宫在世界上很有名，同样，长城也很有名。
  고궁은 세계적으로 유명하다. 마찬가지로 만리장성도 유명하다.

- 8月8日是结婚的好日子，同样，6月6日也是结婚的好日子。
  8월 8일은 결혼하기 좋은 날짜이다. 마찬가지로 6월 6일도 결혼하기 좋은 날짜이다.

练一练 실력 점검하기

1 본문을 바탕으로 다음 내용이 옳으면 ○표, 옳지 않으면 ×표 하세요.

(1) 在望京的西园，中国家庭没有韩国家庭多。（　　）

(2) 望京地区有很多人会说汉韩两种语言。（　　）

2 본문의 내용을 바탕으로 빈칸에 들어갈 알맞은 답을 고르세요.

(1) 关于北京的韩国城，不正确的是＿＿＿＿。

　　A. 五道口也是韩国城　　　　B. 出租车司机都知道
　　C. 韩国人已经喜欢扭秧歌了　　D. 有些韩国人从小就在这里长大

(2) 下面的行为中，中国人和韩国人一样的是＿＿＿＿。

　　A. 把鞋放到门外　　　　B. 把狗带进电梯
　　C. 晚上扭秧歌　　　　　D. 订外卖

★ 北京的外国人聚居区 ★

　　北京的外国人聚居区一般集中在朝阳公园附近，因为那里离使馆区比较近。日坛公园附近、南锣鼓巷等区域也居住着很多外国人。这几年，在五道口和望京也形成了规模较大的外国人聚居区。这和北京的不断发展所带来的商业机会有很大关系。北京这座日益开放的国际化大都市正在成为越来越多的外国人的生活乐园。

★ 베이징의 외국인 집단 거주 구역 ★

　　베이징의 외국인 집단 거주 구역은 보통 차오양공원 부근에 집중되어 있는데, 그곳이 대사관 밀집 구역에서 비교적 가깝기 때문이다. 르탄공원 부근, 난루오구샹 등의 구역 또한 외국인들이 많이 거주하고 있는 곳이다. 근래 몇 년 간, 우따오커우와 왕징에도 규모가 비교적 큰 외국인 집단 거주 구역이 형성되었다. 이는 베이징의 끊임없는 발전이 가져온 상업 기회와 큰 관련이 있다. 베이징, 이 나날이 개방되는 국제화 대도시는 점점 더 많은 외국인들의 생활 낙원이 되고 있다.

12 | 不要忘了寄信!
편지 부치는 것 잊지 말아요!

★ 생각 포인트 ★

할 일을 잊었다가는 종종 골치 아픈 일이 생기기도 하지요. 이런 골치 아픈 일을 면할 수 있는 좋은 방법 어디 없나요?

★ 어법 포인트 ★

千万
偏偏
忍不住

读一读 본문 따라잡기

Track 23

王先生上班前，妻子帮他穿上大衣，把一封信放进他的
Wáng xiānsheng shàngbān qián, qīzi bāng tā chuān shang dàyī, bǎ yì fēng xìn fàng jìn tā de

包里，提醒他说："在你进办公室之前，千万别忘了寄信。
bāo li, tíxǐng tā shuō: "zài nǐ jìn bàngōngshì zhīqián, qiānwàn bié wàng le jì xìn.

这样姨妈明天早上就可以收到了。这封信非常重要。"
Zhèyàng yímā míngtiān zǎoshang jiù kěyǐ shōudào le. Zhè fēng xìn fēicháng zhòngyào."

可是路上王先生偏偏忘了寄信的事。他在城里下了火
Kěshì lùshang Wáng xiānsheng piānpiān wàng le jì xìn de shì. Tā zài chénglǐ xià le huǒ

车，急急忙忙去上班，信还躺在他的包里呢。快离开火车站
chē, jíjí mángmáng qù shàngbān, xìn hái tǎng zài tā de bāo li ne. Kuài líkāi huǒchē zhàn

的时候，一位陌生的先生走过来，拍拍他说："别忘了你的
de shíhou, yí wèi mòshēng de xiānsheng zǒu guòlai, pāipai tā shuō: "Bié wàng le nǐ de

信！"王先生这才想起了妻子的话，马上向附近的邮箱跑去。
xìn!" Wáng xiānsheng zhè cái xiǎngqǐ le qīzi de huà, mǎshang xiàng fùjìn de yóuxiāng pǎo qù.

새 단어 Track 24

- 提醒 tíxǐng 동 일깨우다, 주의를 환기시키다
- 办公室 bàngōngshì 명 사무실
- 千万 qiānwàn 부 부디, 제발
- 寄 jì 동 (우편으로) 부치다, 보내다
- 姨妈 yímā 명 (결혼한) 이모
- 收到 shōudào 동 받다, 얻다
- 偏偏 piānpiān 부 기어코, 일부러
- 躺 tǎng 동 눕다, 드러눕다
- 离开 líkāi 동 떠나다, 벗어나다
- 陌生 mòshēng 형 생소하다, 낯설다

这时，又一位陌生人对他说："先生，不要忘了寄信！"
Zhè shí, yòu yí wèi mòshēng rén duì tā shuō: "Xiānsheng, bú yào wàng le jì xìn!"

王先生感到很奇怪，他把信投入邮箱，立刻离开了火车站。没走多远，一位和蔼可亲的女士微笑着问他："先生，
Wáng xiānsheng gǎndào hěn qíguài, tā bǎ xìn tóurù yóuxiāng, lìkè líkāi le huǒchē zhàn. Méi zǒu duō yuǎn, yí wèi hé'ǎi kěqīn de nǚshì wēixiào zhe wèn tā: "Xiānsheng,

拍 pāi 동 손바닥으로 치다
邮箱 yóuxiāng 명 우체통
投入 tóurù 동 투입하다, 던져 넣다
和蔼可亲 hé'ǎi kěqīn 성 상냥하고 친절하다
惊讶 jīngyà 형 놀랍고 의아하다

贴 tiē 동 붙이다

你没忘了寄信吧？"王先生非常惊讶，怎么世界上所有的人
nǐ méi wàng le jì xìn ba?" Wáng xiānsheng fēicháng jīngyà, zěnme shìjiè shang suǒyǒu de rén

都来提醒他寄信呢？他忍不住问这位女士："你们怎么都知
dōu lái tíxǐng tā jì xìn ne? Tā rěn bu zhù wèn zhè wèi nǚshì: "Nǐmen zěnme dōu zhī

道我得寄一封信呢？我早就把信放到邮箱里了。"那位女士
dào wǒ děi jì yì fēng xìn ne? Wǒ zǎojiù bǎ xìn fàng dào yóuxiāng li le." Nà wèi nǚshì

大笑之后告诉他说："你的妻子在你的大衣上贴了一张纸
dàxiào zhīhòu gàosu tā shuō: "Nǐ de qīzi zài nǐ de dàyī shang tiē le yì zhāng zhǐ

条，上面写着：请告诉我的丈夫，他应该寄一封信！"
tiáo, shàngmian xiě zhe: Qǐng gàosu wǒ de zhàngfu, tā yīnggāi jì yì fēng xìn!"

想一想 **생각** 넓히기

▶ 본문의 내용을 바탕으로 질문에 중국어로 답해 보세요.

(1) 王先生上班前，他的妻子提醒他什么？

(2) 王先生为什么感到奇怪和惊讶？

学一学 어법 체크하기

❶ 千万
在你进办公室之前，千万别忘了寄信。

'千万'은 부사이다. '꼭' '반드시'라는 뜻으로, 간절히 신신당부할 때 쓴다.

- 去旅行的时候千万要注意安全。
  여행을 갈 때에는 반드시 안전에 주의해야 한다.
- 孩子还太小，千万不要给他喝酒。
  아이가 아직 너무 어리니, 절대 술을 마시게 해서는 안 된다.

❷ 偏偏
可是路上王先生偏偏忘了寄信的事。

'偏偏'은 부사이다. 동작, 행위, 혹은 일의 발생이 원하거나 예상했던 방향과 상반되거나, 당연한 이치와 상반됨을 나타낸다.

- 明天有口语课，可是我的书偏偏找不到了。
  내일 말하기 수업이 있는데, 하필 내 책을 찾을 수가 없다.
- 我忙着写作业的时候，他偏偏过来和我聊天儿。
  내가 숙제하느라 바쁠 때, 그가 하필 나랑 수다나 떨자며 왔다.

❸ 忍不住
他忍不住问这位女士："你们怎么都知道我得寄一封信呢？"

'忍不住'는 스스로를 억제하지 못하고 어떤 일을 함을 뜻한다.

- 知道自己这次只考了30分，他忍不住哭了。
  자신이 이번 시험에 30점 받은 것을 알고, 그는 울음을 참을 수 없었다.
- 那个孩子一见到冰激凌就忍不住想吃。
  그 아이는 아이스크림만 보면 먹고 싶은 것을 참지 못한다.

练一练 실력 점검하기

1 본문을 바탕으로 다음 내용이 옳으면 ○표, 옳지 않으면 ×표 하세요.

(1) 姨妈明天早上收不到信。　　　（　　）

(2) 王先生自己记得去寄信。　　　（　　）

(3) 王先生在火车站附近寄了信。　（　　）

2 본문의 내용을 바탕으로 빈칸에 들어갈 알맞은 답을 고르세요.

(1) 那封信是寄给＿＿＿＿的。

　　A. 王先生　　　B. 王太太
　　C. 那个女士　　D. 姨妈

(2) 王先生每天坐火车去城里＿＿＿＿。

　　A. 看姨妈　　　B. 寄信
　　C. 买东西　　　D. 上班

중국문화 맛보기

★ 中国的邮政标志 ★

中国的邮政标志是绿色的，因为绿色象征和平、青春、茂盛和繁荣。邮筒、邮递员的衣服以及邮包、邮政车也都采用绿色。而中国的邮政标志，是"中"字和邮政网络的形象互相结合、归纳变化而成的，其中融入了翅膀的造型，容易让人联想起"鸿雁传书"这一中国古代对于信息传递的形象比喻。

★ 중국의 우정(우편 행정) 상징 ★

중국의 우정 상징은 녹색이다. 녹색이 평화, 젊음, 번성, 번영을 상징하기 때문이다. 우체통과 우체부의 복장 및 가방, 우편 배달 차량 또한 모두 녹색을 사용했다. 그리고 중국의 우정 상징은 '中'자와 우편 네트워크의 형상이 서로 결합되고 귀납되어 만들어 졌는데, 그 속에는 날개의 형상이 융합되어 있어, 사람들로 하여금 고대 중국에서 소식 전달을 비유했던 '기러기가 서신을 전하다'라는 말을 쉽게 연상하게 한다.

13 梨和苹果的故事

배와 사과 이야기

★ 생각 포인트 ★

여러분은 과일을 먹을 때 잘 고르시나요? 큰 것으로 고르시나요, 아니면 작은 것으로 고르시나요?

★ 어법 포인트 ★

影响

读一读 본문 따라잡기

Track 25

今天给大家讲两个故事。一个是"孔融(Kong Rong)让梨"。
Jīntiān gěi dàjiā jiǎng liǎng ge gùshi. Yí ge shì "Kǒng Róng ràng lí".

孔融是中国汉代的文学家。他小时候很聪明，而且很有礼
Kǒng Róng shì Zhōngguó Hàndài de wénxuéjiā. Tā xiǎo shíhou hěn cōngming, érqiě hěn yǒu lǐ

貌，父母都非常喜欢他。一天，父亲买了一些梨，而且拿了
mào, fùmǔ dōu fēicháng xǐhuan tā. Yì tiān, fùqīn mǎi le yìxiē lí, érqiě ná le

一个最大的给孔融。孔融却摇摇头，拿了一个最小的梨说：
yí ge zuìdà de gěi Kǒng Róng. Kǒng Róng què yáoyao tóu, ná le yí ge zuìxiǎo de lí shuō:

"我年纪最小，应该吃小的梨。那个大梨就给哥哥吧。"父亲听
"Wǒ niánjì zuìxiǎo, yīnggāi chī xiǎo de lí. Nà ge dà lí jiù gěi gēge ba." Fùqīn tīng

后非常高兴。"孔融让梨"的故事，一直流传到现在，成了许
hòu fēicháng gāoxìng. "Kǒng Róng ràng lí" de gùshi, yìzhí liúchuán dào xiànzài, chéng le xǔ

多中国父母教育子女的好例子。它让我们明白了一个美德：
duō Zhōngguó fùmǔ jiàoyù zǐnǚ de hǎo lìzi. Tā ràng wǒmen míngbai le yí ge měidé:

| 새 단어 | Track 26

讲 jiǎng 동 말하다, 이야기하다
故事 gùshi 명 이야기
让 ràng 동 양보하다
梨 lí 명 배
文学家 wénxuéjiā 명 문학가

聪明 cōngming 형 똑똑하다
礼貌 lǐmào 명 예의
摇头 yáotóu 동 고개를 젓다(부정의 뜻을 나타냄)
流传 liúchuán 동 (사적, 작품 등이) 유전하다
教育 jiàoyù 동 교육하다

把好的东西留给别人，不要总想着自己。
bǎ hǎo de dōngxi liú gěi biéren, bú yào zǒng xiǎng zhe zìjǐ.

另一个故事是"艾森豪威尔（Dwight David Eisenhower）争
Lìng yí ge gùshi shì "Àisēnháowēir zhēng

苹果"，说的是美国前总统艾森豪威尔小时候的故事。有一次，
píngguǒ", shuō de shì Měiguó qián zǒngtǒng Àisēnháowēir xiǎo shíhou de gùshi. Yǒu yí cì,

例子 lìzi 몡 예, 본보기
美德 měidé 몡 미덕
争 zhēng 동 (무엇을 얻거나 이루려고) 다투다, 경쟁하다
苹果 píngguǒ 몡 사과
总统 zǒngtǒng 몡 대통령

草坪 cǎopíng 몡 잔디밭
影响 yǐngxiǎng 동 영향을 주다
人物 rénwù 몡 인물
表现 biǎoxiàn 동 나타내다, 표현하다

他的妈妈拿来一些苹果，告诉他和他的兄弟们，修草坪修
tā de māma ná lái yìxiē píngguǒ, gàosu tā hé tā de xiōngdìmen, xiū cǎopíng xiū

得最好的人可以得到最大最红的苹果。为了得到那个苹
de zuìhǎo de rén kěyǐ dédào zuìdà zuìhóng de píngguǒ. Wèile dédào nà ge píng

果，小艾森豪威尔干得最认真。最后，妈妈把那个最大最
guǒ, xiǎo Àisēnháowēir gàn de zuì rènzhēn. Zuìhòu, māma bǎ nà ge zuìdà zuì

红的苹果给了他。艾森豪威尔后来写道："这件事几乎影响
hóng de píngguǒ gěi le tā. Àisēnháowēir hòulái xiědào: "Zhè jiàn shì jīhū yǐngxiǎng

了我一生。它让我明白了，你只有比别人干得更好，才能
le wǒ yìshēng. Tā ràng wǒ míngbai le, nǐ zhǐyǒu bǐ biéren gàn de gèng hǎo, cái néng

得到更多！"
dédào gèng duō!"

　　孔融和艾森豪威尔后来都成了历史上有名的人物，但
　　Kǒng Róng hé Àisēnháowēir hòulái dōu chéng le lìshǐ shang yǒumíng de rénwù, dàn

这一争一让，却表现了两种不同的思想和文化。
zhè yì zhēng yí ràng, què biǎoxiàn le liǎng zhǒng bùtóng de sīxiǎng hé wénhuà.

想一想 생각 넓히기

▶ 본문의 내용을 바탕으로 질문에 중국어로 답해 보세요.

(1) 孔融为什么不要大梨?

(2) 艾森豪威尔是怎样得到那个最大的苹果的?

学一学 어법 체크하기

❶ 影响
这件事几乎影响了我一生。

'影响'은 동사이다. 사람이나 사물에 대해 어떤 작용을 일으킴을 나타낸다. 명사로 쓰여서 사람이나 사물에 대해 일으키는 작용을 나타내기도 한다.

- 父母怕影响孩子的心情，所以不敢问孩子考得怎么样。
  부모는 아이의 마음을 상하게 할까 봐, 시험을 어떻게 쳤는지 묻지 못했다.

- 这件事对我的影响很大，以后我做事的时候一定要认真。
  이 일이 나에게 미친 영향은 매우 크다. 이제부터 일을 할 때 반드시 열심히 해야 하겠다.

❷ 一……一……
这一让一争，却表现了两种不同的思想和文化。

'一……一……'는 뜻이 상반되는 두 개의 단음절 동사를 '一' 뒤에 각각 넣어, 두 가지 동작이 대조되거나, 배합되거나, 교대로 진행됨을 표시한다. '一' 뒤에는 방위명사나 형용사 등이 올 수도 있다. 예를 들면, '一南一北' '一大一小' 등이다.

- 老师和学生在汉语课上一问一答，非常有意思。
  선생님과 학생들이 중국어 수업에서 서로 묻고 답하고, 굉장히 재미있다.

- 他们两个人一前一后走进了学校。
  그들 두 사람은 앞서거니 뒤서거니 하며 학교로 걸어 들어갔다.

练一练 실력 점검하기

1 본문을 바탕으로 다음 내용이 옳으면 ○표, 옳지 않으면 ×표 하세요.

(1) 父母非常喜欢孔融，所以把大梨给了他。　　　(　　)

(2) 很多中国父母用孔融的例子教育他们的孩子。　　(　　)

(3) 艾森豪威尔只想着自己，所以拿了最大的苹果。　(　　)

2 본문의 내용을 바탕으로 빈칸에 들어갈 알맞은 답을 고르세요.

(1) 孔融让梨是因为他觉得自己_____。

　　A. 最聪明　　　　B. 年龄小
　　C. 有礼貌　　　　D. 能让父亲高兴

(2) 妈妈最后把大苹果给了艾森豪威尔，是因为他_____。

　　A. 最可爱　　　　B. 最认真
　　C. 年龄最小　　　D. 年龄最大

중국문화 맛보기

★ 中国人的谦让 ★

谦让是中国人的传统美德。在生活和工作中，多为他人着想、不以自我为中心，更能增进人与人之间的团结和友谊。但是，在充满竞争的时代，人们对谦让也有了新的理解。因为一味谦让容易让人遇事退缩，失去进取心，还会伤害人的积极性。所以，现在越来越多的中国人认识到谦让也要适度。

★ 중국인의 겸양 ★

겸양은 중국인의 전통 미덕이다. 생활을 하거나 일을 할 때, 남을 많이 배려하고, 자기 중심적이지 않으면, 사람들 간의 단결과 우정을 더욱 증진시킬 수 있다. 하지만 이 경쟁으로 가득한 시대에 사람들은 겸양에 대해서도 새로운 해석을 하게 되었다. 그 이유는 계속 양보만 하면 일에 부딪힐 때마다 위축되어, 진취심을 잃게 되고, 적극성도 해칠 수 있기 때문이다. 그래서 이제 점점 더 많은 중국인들이 겸양도 적당히 해야 한다는 것을 깨달아 가고 있다.

14 胡同里走出来的明星

골목에서 나온 스타

★ 생각 포인트 ★

영화 『와호장룡』을 보셨나요? 여러분은 주인공 장쯔이의 연기를 어떻게 기억하고 계신가요?

★ 어법 포인트 ★

一些
唯一

读一读 본문 따라잡기

章子怡8岁开始学习跳舞，17岁考进中央戏剧学院，19
Zhāng Zǐyí bā suì kāishǐ xuéxí tiàowǔ, shíqī suì kǎojìn Zhōngyāng Xìjù Xuéyuàn, shíjiǔ

岁出演张艺谋的电影《我的父亲母亲》，21岁又因为《卧虎藏
suì chūyǎn Zhāng Yìmóu de diànyǐng《Wǒ de fùqīn mǔqīn》, èrshíyī suì yòu yīnwèi《Wò hǔ cáng

龙》的成功走向了世界，25岁已经成为国际明星。10年前，
lóng》de chénggōng zǒuxiàng le shìjiè, èrshíwǔ suì yǐjing chéngwéi guójì míngxīng. Shí nián qián,

没有人能想到，这个从胡同里走出来的女孩儿能这样成功。
méiyǒu rén néng xiǎngdào, zhè ge cóng hútòng li zǒu chūlai de nǚháir néng zhèyàng chénggōng.

生长在北京的章子怡小时候是一个普通的孩子。她的母
Shēngzhǎng zài Běijīng de Zhāng Zǐyí xiǎo shíhou shì yí ge pǔtōng de háizi. Tā de mǔ

亲是幼儿园老师，所以她小时候最大的心愿，就是长大后能
qīn shì yòu'éryuán lǎoshī, suǒyǐ tā xiǎo shíhou zuìdà de xīnyuàn, jiù shì zhǎngdà hòu néng

当幼儿园老师。因为身体不太好，父母就送她去学跳舞，希
dāng yòu'éryuán lǎoshī. Yīnwèi shēntǐ bú tài hǎo, fùmǔ jiù sòng tā qù xué tiàowǔ, xī

새 단어

跳舞 tiàowǔ 동 춤을 추다
戏剧 xìjù 명 희극, 연극, 무용극
国际 guójì 형 국제적인
明星 míngxīng 명 샛별, 스타(유명 연예인·운동선수·기업인 등을 가리킴)

生长 shēngzhǎng 동 나서 자라다, 성장하다
普通 pǔtōng 형 보통이다, 평범하다
幼儿园 yòu'éryuán 명 유치원
心愿 xīnyuàn 명 소원, 염원
强壮 qiángzhuàng 형 건장하다

望她的身体能变得强壮一些。章子怡说:"虽然每个周末都
wàng tā de shēntǐ néng biàn de qiángzhuàng yìxiē. Zhāng Zǐyí shuō: "Suīrán měi ge zhōumò dōu

去学跳舞,但是我更希望周末能去公园。可是爸爸妈妈工作
qù xué tiàowǔ, dànshì wǒ gèng xīwàng zhōumò néng qù gōngyuán. Kěshì bàba māma gōngzuò

都非常辛苦,还要照顾我和哥哥,到了星期天,已经累得不
dōu fēicháng xīnkǔ, hái yào zhàogù wǒ hé gēge, dào le xīngqī tiān, yǐjing lèi de bù

周末 zhōumò 명 주말

辛苦 xīnkǔ 형 힘들다

照顾 zhàogù 동 보살피다, 돌보다

辆 liàng 양 대, 량(차량을 세는 단위)

热闹 rènao 형 번화하다, 흥성거리다

舞蹈 wǔdǎo 명 춤, 무용

身材 shēncái 명 체격, 몸매

当年 dàngnián 명 그 해, 그 당시

唯一 wéiyī 형 유일한, 하나밖에 없는

录取 lùqǔ 동 합격시키다, 채용하다, 뽑다

可能带我们出去玩儿了。"那时，章子怡还常常希望能看到
kěnéng dài wǒmen chūqu wánr le." Nà shí, Zhāng Zǐyí hái chángcháng xīwàng néng kàndào

家门口多几辆自行车。每次看到有别人的自行车停在自己
jiā ménkǒu duō jǐ liàng zìxíngchē. Měi cì kàndào yǒu biéren de zìxíngchē tíng zài zìjǐ

家门前，她都特别高兴，因为如果家里来了客人，就会很
jiā mén qián, tā dōu tèbié gāoxìng, yīnwèi rúguǒ jiāli lái le kèrén, jiù huì hěn

热闹。
rènao.

11岁时，章子怡考上了中国最好的舞蹈学校。那里对
Shíyī suì shí, Zhāng Zǐyí kǎoshàng le Zhōngguó zuìhǎo de wǔdǎo xuéxiào. Nàli duì

学生身材的要求非常高，在当年的两千多个孩子里，章子
xuésheng shēncái de yāoqiú fēicháng gāo, zài dàngnián de liǎngqiān duō ge háizi li, Zhāng Zǐ

怡是唯一一个被录取的。这也是她以后走上"明星路"的开始。
yí shì wéiyī yí ge bèi lùqǔ de. Zhè yě shì tā yǐhòu zǒu shang "míngxīng lù" de kāishǐ.

▶ 본문의 내용을 바탕으로 질문에 중국어로 답해 보세요.

(1) 章子怡是什么时候开始演电影的?

(2) 小时候她为什么希望家门口有别人的自行车?

学一学 어법 체크하기

❶ 一些
希望她的身体能变得强壮一些。

'些'는 양사이다. '동사 / 형용사+些' 구조로 쓰여 '약간'을 나타낸다. 앞에 사용하는 수사는 '一'로 한정되어 있는데, 보통 구어에서는 생략한다.

- 网络上的资源比图书馆里的更多一些。
  인터넷 상의 자료가 도서관보다 좀 더 많다.

- 中国的南方比北方潮湿一些。
  중국의 남방이 북방보다 좀 더 습윤하다.

❷ 唯一
在当年的两千多个孩子里，章子怡是唯一一个被录取的。

'唯一'는 형용사로, '오직 하나뿐'이라는 뜻이다.

- 小时候，她唯一的心愿就是当幼儿园老师。
  어릴 때, 그녀의 유일한 소원은 유치원 선생님이 되는 것이었다.

- 孔融把唯一的大梨让给了哥哥。
  공융은 하나뿐인 큰 배를 형에게 양보했다.

练一练 실력 점검하기

1 본문을 바탕으로 다음 내용이 옳으면 ○표, 옳지 않으면 ×표 하세요.

(1) 章子怡小时候最大的心愿是成为国际明星。（　　）

(2) 章子怡小时候常常希望家里来客人。（　　）

(3) 章子怡在演《卧虎藏龙》之前已经很有名了。（　　）

2 본문의 내용을 바탕으로 빈칸에 들어갈 알맞은 답을 고르세요.

(1) 关于章子怡，下面不正确的是_____。

　　A. 8岁就开始学习跳舞　　B. 她的父母工作很忙
　　C. 小时候身体不是很好　　D. 她家只有她一个孩子

(2) _____不是章子怡小时候的愿望。

　　A. 有机会拍电影　　B. 当幼儿园老师
　　C. 家里能热闹点　　D. 和父母去公园

중국문화 맛보기

★ 张艺谋 ★

张艺谋是知名的电影导演，一直都是中国电影的标志人物。他曾被美国《娱乐周刊》评选为当代世界二十位大导演之一。他导演了《红高粱》、《大红灯笼高高挂》、《英雄》等影片。成功导演2008年奥运会开幕式更让他享誉世界。

★ 장이모우 ★

장이모우는 유명한 영화감독으로, 줄곧 중국 영화의 상징적 인물이었다. 그는 일찍이 미국의 『America's Entertainment Weekly』에서 당대 세계 최고의 감독 20인 중 한 명으로 선정된 바 있다. 그는 『붉은 수수밭』『홍등』『영웅』등의 영화를 감독했다. 2008년 올림픽 개막식을 성공적으로 연출함으로써 더욱 세계적인 명성을 얻게 되었다.

15 绑在一起的翅膀

함께 묶인 날개

★ 생각 포인트 ★

여러분은 사랑하는 사람과 매 순간 같이 있어야 한다고 생각하나요?

★ 어법 포인트 ★

各自
从此

读一读 본문 따라잡기

Track 29

在森林里，住着两只鸟。一只住在东边，一只住在西
Zài sēnlín li, zhù zhe liǎng zhī niǎo. Yì zhī zhù zài dōngbian, yì zhī zhù zài xī

边。有一天，东边的鸟在森林中间遇见了西边的鸟。因为它
bian. Yǒu yì tiān, dōngbian de niǎo zài sēnlín zhōngjiān yùjiàn le xībian de niǎo. Yīnwèi tā

们第一次遇到和自己长得一样的鸟，所以很快成了好朋友。
men dì yī cì yùdào hé zìjǐ zhǎng de yíyàng de niǎo, suǒyǐ hěn kuài chéng le hǎo péngyou.

两只鸟每天早上都飞到森林中间见面，一起找食物，晚上
Liǎng zhī niǎo měitiān zǎoshang dōu fēi dào sēnlín zhōngjiān jiànmiàn, yìqǐ zhǎo shíwù, wǎnshang

再各自飞回自己的巢。它们觉得在一起的时间过得特别快。
zài gèzì fēi huí zìjǐ de cháo. Tāmen juéde zài yìqǐ de shíjiān guò de tèbié kuài.

它们相爱了。
Tāmen xiāng'ài le.

为了可以一直在一起，很快它们就离开了自己的巢，一
Wèile kěyǐ yìzhí zài yìqǐ, hěn kuài tāmen jiù líkāi le zìjǐ de cháo, yì

새 단어 Track 30

森林 sēnlín 명 삼림, 숲, 산림
遇见 yùjiàn 동 우연히 만나다
各自 gèzì 대 각자, 제각기
巢 cháo 명 (새·벌레·물고기 등의) 둥지, 집
相爱 xiāng'ài 동 서로 사랑하다, 서로 아끼다

建 jiàn 동 만들다, 짓다
对方 duìfāng 명 상대방
证明 zhèngmíng 동 증명하다
深深 shēnshēn 형 (정도가) 깊다
翅膀 chìbǎng 명 날개

起在森林中间建了一个大巢。但是，两只鸟太相爱了，它们
qǐ zài sēnlín zhōngjiān jiàn le yí ge dà cháo. Dànshì, liǎng zhī niǎo tài xiāng'ài le, tāmen

觉得这样还是不够，因为它们有时候在林间找食物时，还会
juéde zhèyàng háishi búgòu, yīnwèi tāmen yǒushíhòu zài lín jiān zhǎo shíwù shí, hái huì

看不到对方。"为了证明我们深深地相爱，我们把翅膀绑在
kàn bu dào duìfāng. "Wèile zhèngmíng wǒmen shēnshēn de xiāng'ài, wǒmen bǎ chìbǎng bǎng zài

绑 bǎng 동 (끈이나 줄 따위로) 감다, 묶다
答应 dāying 동 동의하다, 승낙하다
枝条 zhītiáo 명 나뭇가지
摔 shuāi 동 넘어지다, 떨어지다
张开 zhāngkāi 동 열다, 펼치다, 벌리다

空间 kōngjiān 명 공간
自由 zìyóu 명 자유

一起吧。"一只鸟说。"好啊。"另一只鸟答应了。于是，它们
yìqǐ ba." Yì zhī niǎo shuō. "Hǎo a." Lìng yì zhī niǎo dāying le. Yúshì, tāmen

用枝条把自己的翅膀绑在了一起。
yòng zhītiáo bǎ zìjǐ de chìbǎng bǎng zài le yìqǐ.

第二天早上，两只鸟醒来后准备一起去找食物。但当
Dì èr tiān zǎoshang, liǎng zhī niǎo xǐnglái hòu zhǔnbèi yìqǐ qù zhǎo shíwù. Dàn dāng

它们跳出鸟巢时，却同时重重地摔在了地上。这时它们才
tāmen tiàochū niǎocháo shí, què tóngshí zhòngzhong de shuāi zài le dìshang. Zhè shí tāmen cái

知道，两只鸟虽然有四只翅膀，但绑在一起，却谁也不能
zhīdào, liǎng zhī niǎo suīrán yǒu sì zhī chìbǎng, dàn bǎng zài yìqǐ, què shéi yě bù néng

飞。它们一起咬开枝条，张开翅膀飞向空中。一只鸟说：
fēi. Tāmen yìqǐ yǎokāi zhītiáo, Zhāngkāi chìbǎng fēi xiàng kōngzhōng. Yì zhī niǎo shuō:

"爱，需要空间。"另一只鸟说："爱，也需要自由。"
"Ài, xūyào kōngjiān." Lìng yì zhī niǎo shuō: "Ài, yě xūyào zìyóu."

两只鸟从此过着幸福快乐的日子。
Liǎng zhī niǎo cóngcǐ guò zhe xìngfú kuàilè de rìzi.

想一想 생각 넓히기

▶ 본문의 내용과 자신의 경험을 바탕으로 질문에 중국어로 답해 보세요.

(1) 这两只鸟为什么要把它们的翅膀绑在一起？

(2) 它们为什么又把翅膀解开了？

(3) 你怎么理解"爱，需要空间"和"爱，需要自由"？

学一学 어법 체크하기

❶ 各自
晚上再各自飞回自己的巢。

'各自'는 대사로, '각자' '제각기'라는 의미이다.

- 美国人、欧洲人、中国人，有各自买车的特点。
  미국인, 유럽인, 중국인은 제각기 차를 살 때의 특징이 있다.

- 上完课，同学们各自回家了。
  수업을 마치고 반 친구들은 각자 집으로 돌아갔다.

❷ 从此
两只鸟从此过着幸福快乐的日子。

'从此'는 부사이다. '此'는 '이'의 뜻이고, '从此'는 '이때부터'라는 뜻이다.

- 听了老师的话，他从此再也不迟到了，开始好好学习。
  선생님의 말씀을 듣고, 그는 이때부터 다시는 지각하지 않고 열심히 공부하게 되었다.

- 他10岁的时候看了第一部中国电影，从此他就喜欢上了中国文化。
  그는 10세 때 처음으로 중국 영화를 보고, 이때부터 중국 문화를 좋아하게 되었다.

练一练 실력 점검하기

1 본문을 바탕으로 다음 내용이 옳으면 ○표, 옳지 않으면 ×표 하세요.

(1) 最开始的时候，两只鸟住在一起。　　　　　　　（　　）

(2) 两只鸟白天见面，晚上分开。　　　　　　　　　（　　）

(3) 两只鸟住在森林中间以后，所有的时间都在一起。（　　）

(4) 两只鸟把翅膀绑在一起，很容易就能找到食物。　（　　）

2 빈칸에 들어갈 알맞은 글자를 박스에서 찾아 써 넣으세요.

从此	各自

(1) 下班后，同事们＿＿＿＿回家了。

(2) 他们俩＿＿＿＿过着幸福快乐的日子。

★ 爱，需要空间 ★

　　还有一个与这两只鸟相似的故事。两只相爱的刺猬住在一起，它们紧紧相依，但彼此的刺却深深地刺痛了对方，因此不得不保持适当的距离。这两个故事都说明了一个道理：爱，是需要空间的。过多的管束和限制会让彼此感到压抑和窒息，而适当的距离和空间则可以使彼此的感情正常地发展。这样，爱才牢固。

★ 사랑은 공간이 필요해 ★

　　이 두 마리 새 이야기와 비슷한 이야기가 또 하나 있다. 서로 사랑하는 두 마리의 고슴도치가 함께 살았는데, 그들은 서로 바짝 붙어서 기대고 싶었지만, 서로의 가시가 상대방을 너무 아프게 찔러서, 하는 수 없이 적당한 거리를 유지해야만 했다. 이 두 이야기는 하나의 이치를 설명한다. 사랑은 공간이 필요하다는 것이다. 지나친 단속과 통제는 서로를 억압하고 숨 막히게 하지만, 적당한 거리와 공간은 서로의 감정이 정상적으로 발전하도록 해 준다. 이렇게 해서 사랑은 더욱 확고해 지는 것이다.

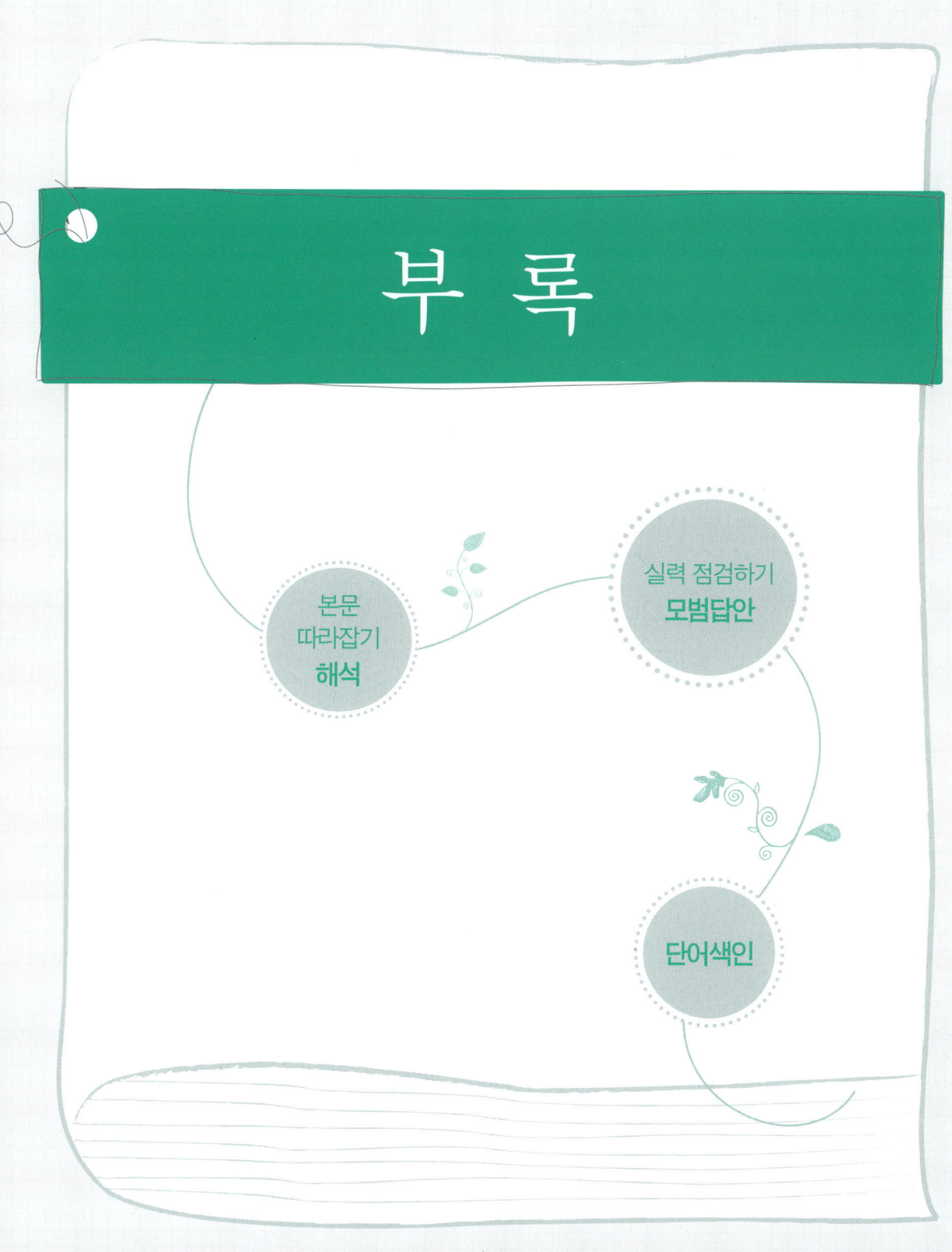

본문 따라잡기 해석

| 제1과 |

자신에게 주는 선물

나이 든 목공이 있었다. 그는 사장에게, 자신은 너무 늙었으니 집으로 돌아가 아내, 자식과 함께 편하게 살고 싶어 일을 그만두겠다고 말했다. 사장은 그를 보내고 싶지 않아서 집 한 채만 더 짓도록 도와 줄 수 있냐고 물었다. 목공은 그렇게 하겠다고 했다. 하지만 이번 작업에서 그는 예전처럼 그렇게 성실히 일하지 않았고, 지은 집에는 문제가 많았다.

집이 완성된 후, 사장은 집 열쇠를 목공에게 건네주며 말했다. "이건 당신의 집이요. 바로 내가 당신에게 주는 선물이요." 늙은 목공은 깜짝 놀랐고, 또한 많이 후회했다. 만약 이것이 자신을 위해 짓는 집이란 것을 알았더라면, 그는 분명히 성실하게 작업했을 것이고, 가장 좋은 자재로 가장 좋은 집을 지었을 것이다. 그러나 이제 그는 이 질 낮은 집에서 살 수 밖에 없었다.

우리는 매일 자신의 생활을 '건축'하고, 때로는 이 늙은 목공처럼 모든 일에 다 최선을 다하지는 않는 경우도 있다. 우리는 늘 수많은 이유를 들어서 생활 속에서 최선을 다하지 않는 자신을 용서하고, 직장에서 노력하지 않는 자신을 용서한다. 그러나 우리가 문제를 발견했을 때는 이미 너무 늦었을지도 모른다.

| 제2과 |

"천천히 이용하세요"와 "나중에 다시 이야기합시다"

중국에 오자마자 나는 많은 중국 친구들을 알게 되었다. 어느 날 정오에 수업을 마치고, 나는 중국 친구 한 명과 마주쳤다. 그녀가 내게 "밥 먹었어?"라고 묻기에, 나는 그녀가 나랑 같이 밥을 먹고 싶어하는 줄 알고, 곧바로 "아니, 우리 같이 가자."라고 했다.

그녀는 좀 놀란 것 같았지만, 그래도 나와 함께 학교 옆의 작은 음식점으로 갔다. 종업원이 음식을 내며 말했다. "주문하신 꿍바오지딩입니다. 천천히 이용하세요."

나는 "천천히 이용하세요."가 무슨 뜻인지 몰랐다. 중국 친구가 말하기를 그건 바로 "천천히 드세요."라는 뜻이라고 했다. 나는 더 이상했다. 내 밥 먹는 속도가 빠른 것도 아닌데, 왜 종업원이 나에게 천천히 먹으라고 하지? 밥을 다 먹고 나서, 중국 친구는 종업원에게 계산해 달라고 했다. 나는 돈을 내야 하는 것을 알고, 돈을 꺼내 내가 내야 할 절반을 내려고 했다. 그런데 뜻밖에도 중국 친구가 급히 "오늘은 내가 살게!"라고 하는 것이었다. 오랜 시간이 지나서야 알게 되었는데, 중국인들은 밥을 먹고 나서 다 같이 돈을 꺼내 각자 자기 것만 계산하는 것은 재미없다고 생각한다. 그들은 이렇게 하길 좋아한다. 이번에 네가 한턱내면, 다음번엔 내가 내고, 세 번째는 또 너, 네 번째는 또 나……

하루는 내가 중국 친구와 전화로 수다를 떨었다. 나는 만리장성에 갔던 일을 즐겁게 그녀에게 이야기했고, 30분 정도 통화했다. 막 전화를 끊으려고 할 때 그녀가 말했다. "나중에 시간 나면 우리 집에 놀러 와."

그때 나는 이미 중국에 온 지 반 년이나 됐기 때문에 그녀가 말한 의미가 그냥 "안녕."이라는 것을 알고, 나 또한 상당히 '중국'적으로 말했다. "응, 고마워. 나중에 다시 이야기하자."

| 제3과 |

북방과 남방

올해 1월에 나는 상하이에서 베이징으로 왔는데, 차츰 중국 남방과 북방간의 많은 차이점을 발견하게 되었다. 먼저 기후를 보자. 북방은 비교적 건조하고, 남방은 비교적 습윤하다. 매년 1월, 가장 북쪽의 헤이룽쟝성은 기온이 매우 낮다. 보통 영하 30도 정도라서, 사람들은 외출할 때 두꺼운 옷을 입어야 한다. 가장 남쪽의 하이난성은 오히려 굉장히 따뜻해서, 사람들은 모두 여름 옷을 입고 있고, 바다에서 수영을 할 수도 있다.

북방의 요리와 남방의 요리도 다르다. 북방 사람들은 좀 짠 것을 좋아하고, 남방 사람들은 단 것을 좋아한다. 대다수 북방 사람들은 밀가루 음식을 좋아하지만, 많은 남방 사람들은 오히려 쌀밥을 좋아한다.

의외인 것은 남방 사람과 북방 사람은 길을 물어 보는 것조차 다르다는 것이다. 북방 사람, 특히 베이징 사람들은 자주 '동, 서, 남, 북'을 이야기 하는데, 남방 사람들은 '전, 후, 좌, 우'로 이야기하길 좋아한다. 상하이에서 베이징으로 오던 날, 차에서 내린 후 나는 중국어로 길을 물었는데, 어떤 사람이 "동쪽으로 가세요!"라고 했다. 그러나 나는 막 베이징에 도착해서 이곳에 대해 전혀 익숙하지 않았기 때문에, 어디가 동쪽이고 어디가 남쪽인지 몰랐다. 그래서 나는 "동쪽으로 가세요."가 어디로 가란 말인지 도무지 알 수가 없었다.

| 제4과 |

중국의 맛있는 요리, 훠궈

훠궈는 중국에서 가장 흔히 볼 수 있는 음식 중 하나로 중국의 많은 도시에 훠궈 전문점이 있다. 가을과 겨울이 훠궈를 먹기에 제일 좋다. 그래서 날씨가 추워질수록 훠궈 전문점도 장사가 잘 된다.

사람들이 훠궈를 좋아하는 이유는 매우 많다.

첫째, 훠궈는 그 종류가 많다는 점이다. 전통적인 훠궈뿐만 아니라, 여러 가지 새로운 스타일의 훠궈도 많이 있다. 예를 들어 어두훠궈, 국화훠궈, 사계훠궈 등은 고객들의 다양한 입맛을 만족시켰다.

둘째, 원료가 다양하다는 점이다. 고기, 생선, 새우, 야채, 두부 등 모두가 훠궈의 원료가 될 수 있다. 이렇게 해서, 한 번에 몇십 종류의 다양한 음식을 먹을 수 있는 것이다.

셋째, 훠궈는 만드는 방법이 간단하다. 원료를 냄비에 넣고 살짝 데쳐서, 익기만 하면 바로 먹을 수 있다.

넷째, 이것도 가장 중요한 이유 중 하나인데, 훠궈가 친구들이 함께 먹기에 안성맞춤이라는 점이다. 모두가 훠궈 주위에 둘러앉아, 자기가 좋아하는 음식을 골라 먹으며 이야기도 나누고, 굉장히 자유로워서, 서로 교제하는 데도 더욱 편리하기 때문이다.

훠궈가 참 맛있기는 하지만, 훠궈를 먹을 때는 주의할 점이 두 가지 있다. 첫째로 원료의 신선도에 주의해야 하고, 둘째로 데치는 시간에 주의해야 하는데, 음식이 냄비 속에서 데쳐지는 시간은 너무 길어도 안 되고, 너무 짧아도 안 된다.

| 제5과 |

중국인은 어떻게 차를 살까?

토요일 아침에 자동차 판매사에 가서, 무료 햄버거를 먹으며 차도 구경하고 설명도 들은 다음, 잠시 후 돈을 지불하고, 열쇠를 받아서, 차를 몰고 집으로 돌아온다. 이것은 미국인이 차를 사는 과정이다.

천천히 자동차 판매사로 가서, 자신이 어떤 차를 원하는지 알려 주고, 집으로 돌아온 뒤, 몇 주를 기다려서야, 자신이 구입한 차가 배달된다. 느리긴 해도, 이건 분명히 '자기만의 차'이고 다른 사람들의 차와는 다른 것이다. 이것은 유럽 사람들이 차를 사는 과정이다.

그러면 중국인은? 누군가는 중국인이 차를 사는 것은 마치 MBA를 공부하는 것 같다고 했는데, 수많은 자료를 찾아 보고, 거기다 항상 '숙제'까지 하곤 한다. 차종별로 가격이 얼마인지, 어느 나라 것인지, 어떤 특징이 있는지, 혹시 나중에 고장이 나면 수리는 편리한지, 또 한 가지 제일 중요한 것, 매 km 당 휘발유는 얼마나 드는지 등을 조사하는 것이다. 그리고 마지막으로, 가장 마음에 드는 몇 가지 차종의 자료를 들고 판매사로 가서 시승해 본다. 중국인은 혼자서 차를 보고 사는 경우가 거의 없고, 온 가족이 함께 간다. 비록 아내도 차에 대해서 잘 모를 것이고, 아이도 차에 대해 알 리가 없겠지만, 그래도 함께 가서 보고, 마지막에 함께 결정한다.

| 제6과 |

인사하는 것도 다르다

내 이름은 메리이고, 미국인이며, 중국에 온 지 1년 되었다. 막 중국에 왔을 때, 나는 미국에서와 마찬가지로, 모르는 사람을 만나도 웃으며 인사했다. 길에서 만나면 "Hi"라고 하고, 학교 안에서 만나면 "Hello"라고 했다. 하지만 나는 내 행동이 때때로 중국인들을 깜짝 놀라게 한다는 것을 알게 되었다. 예를 들어, 나는 교정에서 중국 학우를 만나면 먼저 웃으면서 그들에게 인사한다. 그러나 그들은 나의 웃는 얼굴을 보면 좀 놀란다. 어떤 사람은 같이 웃으면서 고개를 끄덕이기도 하지만, 또 어떤 사람들은 듣고도 아무 반응이 없다.

왜 그럴까? 정말 이상했다. 보아하니, 내가 아직 중국인들을 제대로 이해하지 못했나 보다.

내 프랑스인 룸메이트가 말해 주었다. "중국인들은 아는 사람에게 미소 짓는 경우는 많은 편이지만, 모르는 사람에게 미소 짓는 경우는 드문 편이야. 내가 막 왔을 때도 먼저 나에게 인사를 건네는 중국 학우는 아무도 없었어. 하지만 이제 서로 익숙해져서 도서관이나 식당에서 만나면 그들도 웃으면서 나에게 인사해."

그녀의 말을 듣고 나서야 나는 비로소 중국인들이 어떻게 인사하는지 알게 되었다. 그들은 모르는 사람과 인사하는 것에 익숙하지 않고, 대부분 일이 있을 때에만 모르는 사람에게 인사를 한다. 사랑하는 친구들이여, 내 말이 맞나요?

| 제7과 |

중국의 대학입학시험, 온 가족의 시험

2007년 6월 7일, 대학입학시험 첫날, 전국의 천만여 고3 수험생들이 시험장으로 들어갔다. 그들 중 최종적으로 대학에 입학할 수 있는 사람은 570만 명 정도 밖에 되지 않는다.

많은 부모들이 이날 휴가를 내고, 온 가족 세 명이 모두 시험장으로 온다. 일부 학생들은 집이 멀어서, 부모가 미리 시험장 근처 여관을 예약해 두기도 한다.

아침 9시, 시험이 시작된다. 어떤 부모는 곧바로 집으로 돌아가 아이의 점심을 준비하지만, 대다수 부모는 시험장 밖에서 아이를 기다린다. 비록 적지 않은 부모들이 일도 바쁘고 휴가를 내기도 힘들지만, 대학입학시험이 결혼이나 아이를 낳는 것처럼 일생에 단 한 번뿐인 대사라고 생각하기 때문에, 이 3일의 시험 기간에는 꼭 아이와 함께 하려고 한다.

사실, 시험 반 년 전, 심지어는 1년 전부터 많은 수험생의 부모들은 이미 준비를 하고 있다. 그들은 아이를 위해 복습 계획을 세우고, 생활을 안배하고, 아이들을 데리고 각종 학원으로 간다. 어떤 부모는 매일 아이와 함께 복습하고, 아이가 자고 나서야 잔다. 심지어는 아이가 감기에 걸려 병이 날까 봐 매일 한밤중에 일어나서 아이를 살피기도 한다. 다음날 아침 6시쯤이면 또 아이를 깨워 학교에 보내야 한다. 이러한 시험은 수험생 한 사람뿐만 아니라, 온 가족의 시험이기도 한 것이다.

| 제8과 |

8월 8일에 우리 결혼해요

8월 8일 아침 8시, 베이징 시내의 크고 작은 거리에서는 갑자기 꽃과 빨간 풍선을 매단 자동차들이 많이 나타나는 것을 볼 수 있다. 또한 이날 정오에는 많은 호텔 입구마다 사람들로 붐비고, 그 사람들이 그곳에서 기뻐하며 기다리고 있는 것도 발견할 수 있다. 왜 이럴까? 바로 중국인들이 이 날을 결혼하기에 좋은 날로 여기기 때문이다.

8월 8일 말고도 중국인들은 2월 2일, 6월 6일, 10월 10일 같은 날 결혼하는 것을 좋아하는데, 이런 날짜는 월과 일이 모두 짝수라서, 두 사람이 '한 쌍'이 된다는 의미로 생각하기 때문이다. 숫자 '5'도 들을 때 '幸福'의 '福'자처럼 들리기 때문에 상당히 인기가 있다. 9월 9일에 결혼하는 사람도 굉장히 많은데, 그 이유는 중국어에서 숫자 '9'가 '久'와 발음이 같아서, '영원하다'라는 의미가 있기 때문이다.

결혼 날짜를 중요시하는 것은 중국인들의 오랜 습관이다. 하지만 일부 전통 혼례의 풍습은 몇천 년의 시간이 흐르면서 여러 가지 원인으로 인해 지금은 이미 사라졌다. 예를 들면, 옛날 혼례에서 신부는 머리부터 발끝까지 붉은색 옷을 입어야 했는데, 결혼식의 시작부터 끝까지 머리에 붉은색 천을 쓰고 있어서 신부도 신랑을 볼 수 없었고, 신랑과 다른 사람들 또한 신부의 얼굴을 볼 수 없었다. 그러나 오늘날 신부는 머리에 아무것도 쓸 필요가 없게 되었고, 보통 흰색의 웨딩드레스를 입거나, 혹은 먼저 흰색 웨딩드레스를 입었다가, 결혼식 중간 휴식 시간에 다시 붉은색 치파오로 갈아입곤 한다.

| 제9과 |

중국의 찻집

여러분은 큰 호텔에도 가 보았을 것이고, 커피숍이나 노래방 등에도 가 보았을 것이다. 하지만 중국의 찻집에 가 본 적은 있는가?

중국에는, 거의 모든 도시에 찻집이 있고, 특히 남방의 몇몇 성이나 도시에는 찻집이 거의 식당만큼이나 많이 있다. 도시의 대로변뿐만 아니라, 공원 안에도 찻집이 있고, 심지어는 농촌에도 찻집이 생겼다. 많은 사람들이 찻집에 가는 습관이 있다. 어떤 사람들은 아침 일찍 찻집에 가서 차를 마시고, 어떤 사람들은 퇴근 후에 그곳에 가서 두 세 시간씩 앉아, 책이나 신문을 보거나, 혹은 차를 마시며 한담을 나눈다. 명절이나 휴일이 되면, 친구들은 자주 찻집에 가서 모임을 갖기도 한다. 어떤 찻집은 항상 각종 문화 행사를 열기도 한다. 요컨대, 찻집은 사람들의 휴식 공간일 뿐만 아니라, 서로 교류하는 중요한 장소가 되기도 하고, 또 국내외 여행객들에게는 현지 문화를 이해할 수 있는 기회도 제공한다.

베이징에도 찻집이 적지 않은데, 그중에서 가장 유명한 곳은 치엔먼 근처의 '노사차관'이다. 손님이 들어가 앉으면, 종업원 아가씨가 곧바로 뜨거운 차와 몇 가지 베이징 전통 간식거리를 내어 온다. 손님들은 먹고 마시며, 중국 전통 문화인 경극과 곡예 공연 등 프로그램을 감상할 수 있다. 현재, 노사차관은 이미 새로운 관광명소로 자리매김하고 있으며, 매일 수많은 국내외 관광객들을 끌어들이고 있다.

| 제10과 |

바다거북과 다시마

고대 중국인들은 자신들의 나라가 큰 바다의 중간에 있고, 다른 나라들은 모두 바다 바깥의 먼 곳에 있다고 여겼다. 그래서 그들은 자기 나라를 '해내', 다른 나라를 '해외'라고 불렀다. 그런데 현재까지도 사람들은 이렇게 부른다. '해외에 간다'라고 하면 그건 바로 '출국한다''외국에 간다'라는 의미인 것이다.

중국인들은 일찍부터 외국으로 유학을 가기 시작했지만, 1980년 이후에야 비로소 외국으로 유학을 가는 사람이 많아지기 시작했다. 이런 유학생들은 선진 지식과 기술을 배운 데다, 외국어까지 할 수 있어서, 졸업하고 귀국한 뒤에는 좋은 직장과 수입이 보장되었다. 사람들은 이렇게 외국 유학에서 돌아온 이들을 '海归'(발음이 같아서 '海龟'라고 하는데, '海龟'는 '바다거북'이라는 뜻이다_역자 주)라고 불렀다.

그 후, '海归'가 점점 늘어나면서, 취업 또한 점점 힘들어지게 되었다. 수많은 '海归'들이 취직을 못하고 기다릴 수밖에 없었다. 그래서 사람들은 또 이렇게 해외 유학에서 돌아와 취업 기회를 기다리는 이들을 '海待'(발음이 같아서 '海带'라고 하는데, '海带'는 '다시마'라는 뜻이다_역자 주)라고 불렀다.

'海归'와 '海带'는 처음에 모두 인터넷상에서 사용하는 단어였는데 재미있어서 곧바로 유행하기 시작했다.

| 제11과 |

왕징, 베이징의 새로운 코리아 타운

예전에, 베이징의 택시 기사들은 손님이 한국어 하는 것을 들으면, 곧장 "우따오커우로 가실 거죠?"라고 물었지만, 지금은 이런 질문이 이미 "왕징으로 가실 거죠?"로 바뀌었다.

왕징의 시위엔에는 한국 가정이 중국 가정보다 많다. 이곳의 종업원들은 거의 대부분 중한 2개 국어를 할 수 있다. 2005년에는 한국어를 할 수 있는 경찰, 의사, 간호사가 초빙되기도 했다.

중국과 한국이 이웃이긴 하지만 양국 국민들의 생활 습관에는 많은 차이점이 있다. 예를 들면, 한국인은 신발을 문 바깥에다 벗어 놓는 습관이 있는데, 중국인 이웃들은 현관문 앞쪽 공간은 모두가 함께 사용하는 장소라 여겨서, 일부 중국 노인들은 심지어 화를 내기도 한다. 한국인들은 음식 배달을 시키면 다 먹고 나서 그릇을 음식점 종업원이 가져가도록 현관문 앞에다 놓아 두는데, 중국 이웃들이 보면 굉장히 비위생적이라고 생각한다. 마찬가지로 한국인들 또한 왜 아침, 저녁으로 그렇게 많은 중국인들이 양가에 맞춰 춤을 추는지, 왜 중국인들은 엘리베이터에 개를 데리고 타는지 등을 이해하지 못한다.

십여 년의 시간이 흐르면서 이곳에서 중한 가정 간의 서로 다른 습관은 이미 더 이상 문제가 되지도 않고, 젊은 한국인들은 이곳의 생활에 더 잘 적응하게 되었다. 그들은 어려서부터 이곳에서 생활했고, 베이징에서 대학도 다닌다. 그들의 중국어는 유창할 뿐 아니라, 정말로 현지인 같다. 그들의 친구 중에는 중국인이 한국인보다 많다.

| 제12과 |

편지 부치는 것 잊지 말아요!

왕씨가 출근하기 전에 아내는 그에게 외투를 입혀 주고, 편지 한 통을 그의 가방에 넣으며 그에게 말했다. "사무실에 들어가기 전에 편지 부치는 것 절대 잊지 말아요. 그러면 이모께서 내일 아침에 바로 받으실 수 있어요. 이 편지는 굉장히 중요해요."

그러나 가는 길에 왕씨는 하필 편지 부치는 일을 잊어버리고 말았다. 그가 시내에서 기차를 내려 급히 회사로 가는데도 편지는 아직 그의 가방 안에 드러누워 있었다. 막 기차역을 떠나려 할 때, 한 낯선 남자가 다가와 그를 툭툭 치며 "편지 잊지 말아요!"라고 말했다. 왕씨는 이제야 아내의 말이 생각났고, 곧장 부근의 우체통으로 뛰어갔다. 이때, 또 한 명의 낯선 사람이 그에게 말했다. "선생님, 편지 부치는 것 잊지 마세요!"

왕씨는 이상하다고 생각하면서 편지를 우체통에 넣고 즉시 기차역을 나섰다. 얼마 가지 않았을 때 상냥해 보이는 아주머니 한 분이 미소 지으며 그에게 물었다. "선생님, 편지 부치는 것 안 잊으셨죠?" 왕씨는 정말 놀랍고 의아했다. 어떻게 세상 모든 사람들이 다 그에게 편지 부치는 일을 일깨워 주는 걸까? 그는 참을 수 없어서 이 아주머니에게 물었다. "당신들이 어떻게 모두 내가 편지 한 통 부쳐야 된다는 걸 알고 있죠? 나는 벌써 편지를 우체통에 넣었어요." 그 아주머니는 크게 웃고 나서 그에게 말해 주었다. "당신 부인이 당신 외투에다 쪽지 한 장을 붙여 놓았는데, 거기에 이렇게 적혀 있어요. '내 남편에게 편지 한 통 부쳐야 한다고 말해 주세요!'"

제13과

배와 사과 이야기

오늘은 여러분에게 두 가지 이야기를 해 주려고 한다. 하나는 '공융이 배를 양보하다'라는 이야기이다. 공융은 중국 한나라 때의 문학가이다. 그는 어릴 때 무척 총명하고, 예의도 발라서, 부모가 모두 그를 좋아했다. 하루는 아버지가 배를 사서는 가장 큰 것을 공융에게 주었다. 공융은 오히려 고개를 저으며, 가장 작은 것을 들고 "제 나이가 가장 어리니 작은 배를 먹어야 합니다. 그 큰 배는 형님에게 주십시오."라고 말했다. 아버지는 그 말을 듣고 무척 기뻤다. '공융이 배를 양보하다' 이야기는 지금까지도 전해지면서 많은 중국 부모들이 자녀를 교육하는 좋은 본보기가 되고 있다. 그것은 우리에게 좋은 물건은 남에게 양보하고, 자신만 생각하지는 말라는 미덕을 알게 해 준다.

또 하나의 이야기는 '아이젠하우어가 사과를 두고 경쟁하다'인데, 미국의 대통령이었던 아이젠하우어의 어린 시절 이야기이다. 한 번은 그의 어머니가 사과를 몇 개 가지고 와서 그와 그의 형제들에게 말하기를, 잔디밭을 가장 잘 깎은 사람이 가장 크고 가장 빨간 사과를 가질 수 있다고 했다. 그 사과를 얻기 위해서 어린 아이젠하우어는 가장 열심히 일했다. 결국 어머니는 그 크고 빨간 사과를 그에게 주었다. 아이젠하우어는 훗날 이렇게 적었다. "이 일은 거의 내 평생에 영향을 미쳤다. 그것은 나에게 다른 사람보다 더 잘 해야만 더 많은 것을 얻을 수 있다는 것을 알게 해 주었다."

공융과 아이젠하우어는 나중에 모두 역사상 유명한 인물이 되었지만 이 경쟁과 양보는 오히려 두 종류의 서로 다른 사상과 문화를 반영하고 있다.

제14과

골목에서 나온 스타

장쯔이는 8세에 무용을 배우기 시작해서, 17세에 중앙희극학원에 합격했다. 19세에 장이머우의 영화 『나의 아버지, 어머니(한국 내 개봉 제목 『집으로 가는 길』 편집자 주)』에 출연했고, 21세에는 또 『와호장룡』의 성공으로 세계에 알려 졌으며, 25세에 이미 세계적인 스타가 되었다. 10년 전 그 누구도 이 골목에서 나온 여자아이가 이렇게 성공하리라고는 생각하지 못했다.

베이징에서 태어나고 자란 장쯔이는 어릴 때 평범한 아이였다. 그녀의 어머니가 유치원 교사였기 때문에 그녀의 어릴 적 가장 큰 소원은 자라서 유치원 선생님이 되는 것이었다. 몸이 약했기 때문에, 부모는 그녀에게 무용을 배우게 해서 몸이 좀 건강해 지도록 하려 했다. 장쯔이는 "주말마다 무용을 배우러 다녔지만 나는 주말에 공원에 더 가고 싶었다. 하지만 아버지 어머니는 일도 너무 힘든 데다가 나와 오빠를 돌보느라 일요일이 되면 이미 우리를 데리고 놀러갈 수 없을 정도로 지쳐 있었다."라고 말했다. 그 시절 장쯔이는 또 항상 집 앞에 자전거가 몇 대 더 서 있기를 바랐다. 다른 사람의 자전거가 문 앞에 세워져 있는 것을 볼 때마다 그녀는 굉장히 기뻤는데, 그 이유는 집에 손님이 오면 집안이 시끌벅적해지기 때문이었다.

11세 때, 장쯔이는 중국 최고의 무용 학교에 합격했다. 그곳은 학생들의 체격 조건에 대한 요구가 상당히 까다로워서, 그 해 이천여 명의 응시자 가운데 장쯔이가 유일한 합격자였다. 이 또한 그녀가 나중에 '스타의 길'을 걷게 되는 출발점이었던 것이다.

| 제15과 |

함께 묶인 날개

숲 속에 두 마리의 새가 살고 있었다. 한 마리는 동쪽에 살고, 한 마리는 서쪽에 살았다. 어느 날, 동쪽의 새가 숲 중간에서 우연히 서쪽의 새를 만나게 되었다. 그들은 처음으로 자신과 똑같이 생긴 새를 만나게 되어 곧 친한 친구가 되었다. 두 마리의 새는 매일 아침 숲 중간으로 날아가 만나서, 함께 먹이를 찾고, 저녁에 다시 각자 자신의 둥지로 돌아갔다. 그들은 함께 있는 시간이 너무 빨리 지나가는 것 같았다. 그들은 서로 사랑하게 된 것이다.

계속 함께 있기 위해서 곧 그들은 자신의 둥지를 떠나, 함께 숲 중간에 큰 둥지를 하나 만들었다. 그러나 두 마리 새는 너무 사랑해서 이렇게 하고도 아직 부족하다고 생각했는데, 그 이유는 그들이 때때로 숲에서 먹이를 찾을 때 상대방을 볼 수 없는 경우도 있기 때문이었다. "우리가 깊이 사랑한다는 것을 증명하기 위해 날개를 함께 묶자." 한 마리가 말했다. "좋아." 다른 한 마리도 동의했다. 그래서 그들은 나뭇가지로 자신들의 날개를 함께 묶었다.

다음날 아침, 두 마리 새는 잠에서 깬 후 함께 먹이를 찾으러 가려고 했다. 하지만 그들은 둥지에서 뛰어나오자마자 동시에 무겁게 땅으로 곤두박질쳤다. 이제야 그들은 깨닫게 되었다. 두 마리의 새는 비록 네 개의 날개를 가졌지만 함께 묶여 있으면 누구도 날 수 없다는 것을. 그들은 함께 나뭇가지를 물어서 풀고는 날개를 펼쳐 공중으로 날아올랐다. 한 마리가 말했다. "사랑은 공간이 필요해." 다른 한 마리가 말했다. "사랑은 자유도 필요해."

두 마리 새는 이때부터 행복하고 즐겁게 살았다.

실력 점검하기 모범답안

| 제1과 |

1 (1) ×   (2) ×   (3) ○
2 (1) 尽   (2) 再

| 제2과 |

1 (1) ○   (2) ○
2 (1) B   (2) A   (3) C
3 (1) C   (2) A

| 제3과 |

1 (1) B   (2) C   (3) D
2 (1) 咸一点儿的 (2) 喜欢吃米饭 (3) 比较低

| 제4과 |

1 (1) ○   (2) ×   (3) ○   (4) ○
2 (1) 等   (2) 之一   (3) 也

| 제5과 |

1 (1) ○   (2) ○   (3) ×
2 (1) 几个小时 (2) 几个星期 (3) 不少时间
   (4) 一个人去 (5) 一个人去
   (6) 全家人一起去
   (7) 没有特别重要的
   (8) 和别人不一样的自己的车
   (9) 有好几个问题；价格、特点等等

| 제6과 |

1 (1) B   (2) A   (3) A

| 제7과 |

1 (1) A   (2) A
2 (1) 帮孩子制订复习计划、帮孩子安排日常生活、带孩子参加各种辅导班、每天陪着孩子复习等等
   (2) 请假不上班、给孩子准备午饭、在考场外面等孩子等等

| 제8과 |

1 (1) ○   (2) ×   (3) ○
2 (1) A   (2) B

| 제9과 |

1 (1) ×   (2) ○   (3) ○   (4) ×
2 (1) 或，或   (2) 吸引   (3) 提供

| 제10과 |

1 (1) ×   (2) ×   (3) ×   (4) ○
2 (1) F   (2) D   (3) B
   (4) A   (5) E   (6) C

| 제11과 |

1 (1) ○   (2) ○
2 (1) C   (2) D

| 제12과 |

1 (1) ×   (1) ×   (1) ○
2 (1) D   (1) D

| 제13과 |

1 (1) ○   (1) ○   (1) ×
2 (1) B   (1) B

| 제14과 |

1 (1) ×   (2) ○   (3) ○
2 (1) D   (2) A

| 제15과 |

1 (1) ×   (2) ○   (3) ×   (4) ×
2 (1) 各自   (2) 从此

108

단어색인

단어	한어병음	페이지(과)

A
| 安排 | ānpái | 47(7) |

B
办公室	bàngōngshì	76(12)
帮忙	bāng máng	10(1)
绑	bǎng	95(15)
毕业	bìyè	64(10)
表现	biǎoxiàn	83(13)
宾馆	bīnguǎn	46(7)
不仅	bùjǐn	58(9)

C
材料	cáiliào	11(1)
参观	cānguān	59(9)
草坪	cǎopíng	83(13)
差别	chābié	22(3)
茶馆	cháguǎn	58(9)
差不多	chàbuduō	17(2)
长城	Chángchéng	17(2)
巢	cháo	94(15)
潮湿	cháoshī	22(3)
称为	chēngwéi	64(10)
城市	chéngshì	28(4)
吃惊	chījīng	11(1)
翅膀	chìbǎng	94(15)
出租车	chūzūchē	70(11)
除了	chúle	52(8)
传统	chuántǒng	28(4)
词语	cíyǔ	65(10)
聪明	cōngming	82(13)

D
答应	dāying	95(15)
打招呼	dǎ zhāohu	40(6)
大多数	dàduōshù	41(6)
大海	dàhǎi	64(10)
当年	dàngnián	89(14)
等待	děngdài	65(10)
低	dī	22(3)
点头	diǎn tóu	40(6)
电梯	diàntī	71(11)
订	dìng	70(11)
懂	dǒng	35(5)
豆腐	dòufu	29(4)
对方	duìfāng	94(15)

F
发现	fāxiàn	22(3)
法国	Fǎguó	41(6)
反应	fǎnyìng	40(6)
饭馆	fànguǎn	16(2)
方便	fāngbiàn	35(5)
房子	fángzi	10(1)
服务员	fúwùyuán	16(2)
辅导班	fǔdǎobān	47(7)
付钱	fùqián	16(2)

G
盖	gài	10(1)
盖	gài	53(8)
干燥	gānzào	22(3)
高考	gāokǎo	46(7)
感冒	gǎnmào	47(7)
歌厅	gētīng	58(9)
各自	gèzì	94(15)
根本	gēnběn	23(3)
公司	gōngsī	34(5)
狗	gǒu	71(11)
故事	gùshi	82(13)
顾客	gùkè	29(4)
挂	guà	17(2)
归来	guīlái	64(10)
国际	guójì	88(14)

H
海带	hǎidài	65(10)
海龟	hǎiguī	65(10)
汉堡	hànbǎo	34(5)
好像	hǎoxiàng	16(2)
和蔼可亲	hé'ǎi kěqīn	77(12)
红火	hónghuo	28(4)
厚	hòu	22(3)
后悔	hòuhuǐ	11(1)

109

忽然	hūrán	52(8)
壶	hú	59(9)
护士	hùshi	70(11)
花钱	huā qián	17(2)
坏	huài	34(5)
欢迎	huānyíng	17(2)
婚礼	hūnlǐ	53(8)
婚纱	hūnshā	53(8)
火锅	huǒguō	28(4)

J

几乎	jīhū	58(9)
急忙	jímáng	17(2)
系	jì	52(8)
寄	jì	76(12)
计划	jìhuà	47(7)
技术	jìshù	64(10)
建	jiàn	94(15)
建造	jiànzào	11(1)
讲	jiǎng	82(13)
交流	jiāoliú	59(9)
教育	jiàoyù	82(13)
节假日	jiéjiàrì	58(9)
节目	jiémù	59(9)
结束	jiéshù	53(8)
结账	jiézhàng	16(2)
尽	jìn	11(1)
经常	jīngcháng	34(5)
经过	jīngguò	52(8)
惊讶	jīngyà	77(12)
警察	jǐngchá	70(11)
景点	jǐngdiǎn	59(9)
菊花	júhuā	28(4)
聚会	jùhuì	58(9)

K

咖啡馆	kāfēiguǎn	58(9)
考场	kǎochǎng	46(7)
考验	kǎoyàn	47(7)
空间	kōngjiān	95(15)
口味	kǒuwèi	29(4)

L

老板	lǎobǎn	10(1)
梨	lí	82(13)
离开	líkāi	76(12)
礼貌	lǐmào	82(13)
礼物	lǐwù	10(1)
理由	lǐyóu	11(1)
例如	lìrú	28(4)
例子	lìzi	83(13)
辆	liàng	89(14)
邻居	línjū	70(11)
零下	língxià	22(3)
流传	liúchuán	82(13)
流利	liúlì	71(11)
流行	liúxíng	65(10)
留学	liúxué	64(10)
录取	lùqǔ	89(14)

M

满足	mǎnzú	28(4)
满意	mǎnyì	35(5)
美德	měidé	83(13)
米	mǐ	35(5)
米饭	mǐfàn	23(3)
免费	miǎnfèi	34(5)
面食	miànshí	23(3)
明星	míngxīng	88(14)
陌生	mòshēng	76(12)
木匠	mùjiang	10(1)

N

扭	niǔ	71(11)
农村	nóngcūn	58(9)
暖和	nuǎnhuo	22(3)

O

欧洲	Ōuzhōu	34(5)

P

拍	pāi	77(12)
陪	péi	47(7)
偏偏	piānpiān	76(12)
苹果	píngguǒ	83(13)

普通	pǔtōng	88(14)

Q

妻子	qīzi	10(1)
奇怪	qíguài	16(2)
旗袍	qípáo	53(8)
其实	qíshí	46(7)
气候	qìhòu	22(3)
气球	qìqiú	52(8)
千万	qiānwàn	76(12)
强壮	qiángzhuàng	88(14)
亲爱	qīn'ài	41(6)
请假	qǐng jià	46(7)
请客	qǐng kè	17(2)

R

让	ràng	10, 82(1, 13)
人物	rénwù	83(13)
热闹	rènao	89(14)
认识	rènshi	16(2)
认真	rènzhēn	10(1)

S

森林	sēnlín	94(15)
上菜	shàng cài	16(2)
摄氏度	shèshìdù	22(3)
身材	shēncái	89(14)
深深	shēnshēn	94(15)
甚至	shènzhì	46(7)
生意	shēngyi	28(4)
生长	shēngzhǎng	88(14)
省	shěng	58(9)
试	shì	35(5)
适应	shìyìng	71(11)
收到	shōudào	76(12)
收入	shōurù	64(10)
蔬菜	shūcài	29(4)
熟	shú	29(4)
熟悉	shúxī	23(3)
摔	shuāi	95(15)
涮	shuàn	29(4)
双数	shuāngshù	52(8)
司机	sījī	70(11)

随意	suíyì	29(4)

T

太太	tàitai	35(5)
躺	tǎng	76(12)
特点	tèdiǎn	34(5)
提供	tígōng	59(9)
提醒	tíxǐng	76(12)
甜	tián	23(3)
跳舞	tiàowǔ	88(14)
贴	tiē	77(12)
同屋	tóngwū	41(6)
同样	tóngyàng	71(11)
投入	tóurù	77(12)

W

外卖	wàimài	70(11)
外语	wàiyǔ	64(10)
碗	wǎn	71(11)
往	wǎng	23(3)
微笑	wēixiào	41(6)
唯一	wéiyī	89(14)
卫生	wèishēng	71(11)
文学家	wénxuéjiā	82(13)
问候	wènhòu	40(6)
问路	wènlù	23(3)
舞蹈	wǔdǎo	89(14)

X

吸引	xīyǐn	59(9)
习惯	xíguàn	41(6)
习俗	xísú	52(8)
戏剧	xìjù	88(14)
虾	xiā	29(4)
吓一跳	xià yí tiào	40(6)
鲜花	xiānhuā	52(8)
先进	xiānjìn	64(10)
咸	xián	23(3)
相爱	xiāng'ài	94(15)
销售	xiāoshòu	34(5)
小吃	xiǎochī	59(9)
校园	xiàoyuán	40(6)
笑容	xiàoróng	40(6)

鞋子	xiézi	70(11)
辛苦	xīnkǔ	89(14)
新郎	xīnláng	53(8)
新娘	xīnniáng	52(8)
新式	xīnshì	28(4)
新鲜	xīnxiān	29(4)
心愿	xīnyuàn	88(14)
幸福	xìngfú	52(8)
修	xiū	34(5)
许多	xǔduō	70(11)

Y

秧歌	yāngge	71(11)
摇头	yáotóu	82(13)
钥匙	yàoshi	10(1)
医生	yīshēng	70(11)
一定	yídìng	16(2)
一生	yìshēng	46(7)
姨妈	yímā	76(12)
影响	yǐngxiǎng	83(13)
油	yóu	35(5)
游客	yóukè	59(9)
游泳	yóuyǒng	23(3)
邮箱	yóuxiāng	77(12)
有趣	yǒuqù	65(10)
幼儿园	yòu'éryuán	88(14)
遇到	yùdào	16(2)
遇见	yùjiàn	94(15)
预订	yùdìng	46(7)
原谅	yuánliàng	11(1)
原料	yuánliào	29(4)
越	yuè	28(4)

Z

张开	zhāngkāi	95(15)
照顾	zhàogù	89(14)
争	zhēng	83(13)
证明	zhèngmíng	94(15)
知识	zhīshi	64(10)
枝条	zhītiáo	95(15)
只有	zhǐyǒu	46(7)
制订	zhìdìng	46(7)
质量	zhìliàng	11(1)
周末	zhōumò	89(14)
主动	zhǔdòng	41(6)
资料	zīliào	34(5)
自由	zìyóu	95(15)
总统	zǒngtǒng	83(13)
总之	zǒngzhī	58(9)
做法	zuòfǎ	40(6)